그레이마켓이 온다

그레이마켓이 온다

위기를
기회로 바꾸는
미래 경제
패러다임

무라타 히로유키 지음
김선영 옮김

중앙 books
JoongAng Ilbo

'실버 시장'의 값진 실패와 그 이면의 진실

전영수, 한양대학교 국제학대학원 일본학과 특임교수

저성장·고령화가 심상찮다. 둘은 과거에 없었던 새로운 시대조류다. 위험한 악재인 건 물론이다. 동시다발적으로 사회기반을 뒤흔드는 대형악재다. 엄청난 후폭풍은 그 결과다. 살맛 나는 인생을 완성하기가 그만큼 힘들어졌다는 얘기다. 빈부격차를 필두로 사회갈등은 심화될 수밖에 없다. 와중에 개별가계는 미끄럼틀 아래로 전락하기 일쑤다.

포인트는 결국 하나로 요약된다. 불가피한 시대변화다. '고도성장→ 감축성장'이자 '인구보너스Bonus→ 인구오너스Onus'로의 상황변화다. 이를 감싸는 최대 이슈는 '장수사회 시대 개막'이다. 요컨대 새로운 시대엔 새로운 작동원리와 생존기술이 필수다. 인플레 때의 익숙함으론 디플레 시대의 생소함을 이겨낼 수 없다. 가계도 기업도 마찬가지다.

이런 점에서 한국은 갈 길이 멀다. 해결하기 힘든 숙제가 산적해 있다. 가계는 답 없는 노후준비에 내동댕이쳐진 상태다. 기업은 아직 성장이 배고픈데도 시장은 다이어트를 요구한다. 정부는 헐거운 복지안전망에서 탈락한 이들을 돌봐줄 여력도 의지도 없는 듯하다. 그럼에도 불구하고 장수 트렌드로 살아내야 할 숱한 날이 예고됐다.

해결책은 사실 하나다. 돈을 오래 많이 벌 수 있는 무대 마련이 그 답이다. 그러면 가계는 노후자금 마련 없이 계속해 일하면 된다. 기업은 돈을 벌기에 감량경영 없이 생존할 수 있다. 가계와 기업이 든든해지면 정부는 저절로 잘 굴러갈 수 있다. 문제는 돈을 벌 환경, 즉 성장 여력이 마땅찮다는 점이다. 저성장 시대니 불문가지다.

하지만 꼭 그렇지는 않다. 저성장이 불가피할지언정 숙명처럼 받아들일 필요는 없다. 어느 시대든 돈벌이는 있는 법이다. 유력한 대안은 저성장 · 고령화와 맞물린 노인시장의 잠재파워다. 생산현장에서 강판됐다고 노인을 더 이상 잉여인간으로 보면 곤란하다. 소비주체로는 오히려 다른 연령계층보다 파워풀한 능력을 보유해서다.

복지수요가 대표적이다. 늙으면 아프고 힘들다. 돈마저 없다면 정부의 복지공급이 유일한 호구지책이다. 그런데 이를 시장화하면 얘기가 달라진다. 제3의 길, 큰 정부론Big Society의 영국이 '역동적 사회국가론'으로 복지수급을 유력한 성장에너지로 삼은 데는 이유가 있다. 정밀한 정책대안이 필수지만 어쨌든 노인시장에 주목했다는 자체는 의미심장하다.

기업도 그렇다. "10년 후 무엇을 먹고 살 것인가"라는 유명한 비유처럼 새로운 성장기반을 찾는 데 기업만큼 절실한 곳은 없다. 경기구조와 인구변화 등을 토대로 어떤 상품을 누가 얼마만큼 살지 고민의 깊이와 폭이 깊고 넓다. 그 결과가 밀레니엄 개막과 함께 한국시장에 장밋빛 전망을 안겨준 실버 산업이었다. 일본도 그랬다. 노인고객이 만들어낼 유례없는 큰 장이 설 것이란 기대감에 경쟁적으로 실버화두를 받아들였다. 다만 결론은 부정적이었다. 적중했다면 일본은 20년 복합불황에서 일찌감치 탈출했을 것이고, 한국은 견실한 성장산업 하나를 확보했을 터이다.

실제 명백한 오류이자 앞서간 판단 미스였다. 고령사회 최대집단인 노인인구의 씀씀이는 애초 시장기대를 한껏 받았지만 뚜껑을 열어보니 적잖이 빗나갔다. 의외로 덜 쓰고 안 쓰는 노인이 태반이었다. 불확실한 장수위기의 파워였다. 이는 은퇴대국의 공통현상이다. 거액자산을 겸비한 연금생활자도 비슷하다. 선두사례가 일본이다.

일본인 4명 중 1명은 65세 이상 노인이다. 추계대로면 2055년엔

거의 둘 중 하나(41퍼센트)가 노인인구다. 세계 최초의 '초고령사회' 답다. 작년부터 전후 베이비부머 ^{단카이 세대}인 1947~49년생이 65세를 맞아 정년은퇴에 가세해 노인 몸집은 한층 불어났다. 누가 봐도 확실한 고령국가다. 이런 인구변화는 자원배분의 물꼬를 바꿀 수 있다. 소비자의 갈증을 풀고 눈높이에 맞춘 재화·서비스만이 생존한다는 점에서 경제지도의 판세교체까지 예상된다.

실버 산업의 실패가 가져온 학습효과 탓일까. 요즘 일본에선 실버 산업이 꽤 진지해졌다. '실버 시장=블루오션'의 등식 성립은 신중해졌다. 전인미답의 고령사회는 손쉬운 예측을 불허했고 추정된 경제효과는 보기 좋게 빗나갔다. 탄탄하고 넉넉한 시간·건강·자금을 갖춘 은퇴집단은 지갑을 닫았다. 은퇴 후 8만 시간을 뒷받침할 소비지출은 이론에 그쳤다.

그레이마켓이 온다

물론 전망근거는 틀리지 않았다. 충분히 짐작하는 호조건을 두루 갖췄다. 당장 부자노인의 존재감이 고무적이었다. '가계조사보고'를 보면 세대당 순금융자산의 평균치는 60대와 70대가 각각 2,093만 엔, 2,145만 엔을 기록했다(2010년). 이를 해당 가구로 곱하면 60세 이상이 약 500조 엔의 순수한 금융자산을 보유했다는 결론이다. 부채까지 포함해 가계 금융자산(1,500조 엔)의 60~70퍼센트를 노인인구가 독점한다. 이 중 30퍼센트만 써도 150조 엔이다. 국가 예산의 1.6배다. 노인(부부·무직)의 평균 연금소득이 월 23만 엔이니 일정적자(4만 엔)만 감수하면 평생 보유자산을 헐어 쓸 일도 없다. 늘어난 건강수명과 시간여유도 황금알을 낳는 실버 시장의 소비근거로 활용됐다.

결과는 강조컨대 달랐다. 은퇴 이후의 냉엄한 현실인식이 실버

블 기대를 불발로 연결시켰다. 돈이 많은데도 언제까지 살지 모르니 무조건 핍박지출을 할 수밖에 없어진 결과다. 그럼에도 불구, 거대시장인 것은 분명한 사실이다. 이미 노인인구의 소비지출은 일본 내수의 절반수준이다. 2015년 기준 실버 시장 규모는 72조 엔(실버서비스진흥회)에서 127조엔(덴쓰·50세 이상)까지 추정된다. 어림짐작 100조 엔 이상이다.

그렇다면 예측과 실제는 왜 어긋났을까. 사실 이게 더 중요하다. 아쉽게도 기업 부문의 판단 미스가 크다. 관련업계의 안이한 대응자세에 혐의가 짙다. 실버 시장의 고전 배경은 크게 두 가지다. 시장 자체의 특유 성질을 읽지 못한 점과 신사업으로서의 거대장벽이 그렇다. 많은 건 후자다. 이게 시행착오를 키웠다. 실버 시장과 노인고객의 치밀한 접근계산 없이 낙관론만 믿었다. 다양하고 까다로워진 타깃고객의 성향분석 없이 뭉뚱그려 접근했다는 얘기다. 고령사회와 노인이미지는 다양하고 복합적이다. 사회보장·간병이 필요한 약자라는 인식과 해외여행 등 여가활동의 극단적 사례 구분에 함몰된 결과다. 실상은 훨씬 폭넓은 구분법이 필요했다.

위기는 기회를 낳았다. 요즘 일본 재계는 실버·시니어·고령자로 불리는 노인인구의 눈높이에 맞추고자 열심이다. 오류 시정과 전략 수정에 신중하다. 철저한 수요 분석의 결과다. 가령 노인고객의 소비행태는 자산보유와 무관한 소득비례라는 깨우침이 그렇다. 쟁여둔 돈보다 가처분소득이 결정적임을 배웠다. 소비방법이 동질적일 것이란 전망도 수정됐다. 노인고객 내부에서의 이질적인 소비트렌드가 목격돼서다. 즉 단순연령이 아닌 신체변화의 주목이다. 결국 실버시장은 대분류로 나눌 범용마켓이 아닌 새로운 가치관이 체화된 다양한 미시시장의 집합체로 규정된다.

배웠으니 써먹을 때다. 최근 주요언론에 부쩍 등장하는 단어가 있다. '시니어 시프트Senior Shift'다. 무게중심을 노인고객에게 맞춰 가중치를 옮겨가기 시작했다는 의미다. 미래시장의 주인공이 누군지 인구변화로 확인했으니 기업전략도 여기에 맞춰 전환하겠다는 움직임이다. 대상은 광범위하다. 대표적인 게 편의점의 변신이다. 그간 청장년고객에 맞췄던 포인트를 점차 고령손님에게 옮기는 추세다. 진열전략을 바꾸고 노인 입맛에 맞춘 상품과 서비스를 대거 확충했다. 백화점·할인점은 전담직원을 배치했고 게임센터·테마파크는 노인우대에 나섰다.

책의 저자와 일면식은 없지만 개인적으로 많은 걸 배웠음을 밝힌다. 저자는 일본사회에서 베이비부머와 시니어 산업, 고령사회 등의 핫이슈에 천착해 오랫동안 연구해온 전문가다. 그의 블로그는 필자가 자주 들르는 곳 중 하나다. 기발한 아이디어와 탄탄한 논리맥락은 일본사회를 관조하는 데 적잖은 도움을 안겨준다. 이번에 그의 책이 한국에 소개된다니 기쁜 마음에 추천사를 반겼다. 실버 산업, 노인시장의 미로에서 탈출해 성장을 꿈꾼다면 그의 훈수에 귀 기울일 것을 조언한다. 현재 일본은 미래 한국의 바로미터이기 때문이다.

미로에서 탈출해 미래를 주도하라

지금 일본 산업계에서는 '시니어 시프트'가 가속화되고 있다. 압도적인 숫자의 단카이 세대 ^{1940년대 후반에 태어난 일본의 베이비붐 세대}가 2012년부터 차례로 퇴직 연령인 65세에 달하면서 이번에야말로 단카이 세대의 대규모 퇴직으로 새로운 비즈니스 시장이 열릴 것이라는 예측이 지배적이다.

과거 2007년에도 유사한 시니어 비지니스 붐이 있었다. 하지만 이번 동향은 2007년의 한시적인 붐과는 확연히 다르다. 향후 사회 전반에서 장기간에 걸쳐 이어질 '시니어 시프트'의 원년이라 할 수 있는 상황이다. 나는 시니어 비즈니스 분야의 전문가로서 수많은 기업 경영자, 실무 담당자들과의 교류를 통해 이 점을 절감하고 있다.

고도성장기에 발전을 이룬 기업 중에는 아직도 청년층과 가족을 비즈니스 타깃으로 보는 곳이 많다. 제조업을 비롯한 거의 모든 산업에서 해마다 매출 감소를 겪으면서도 여전히 종래의 사업 모델에서 벗어나지 못하는 것이다.

한편 시니어 시장의 중요성을 인지하고 시니어 시프트를 이행하고는 있지만 고전하는 기업도 많이 보인다. 시니어 시장은 매스마켓 대중 소비자용의 대량 판매 또는 그 시장이 아니라 다양한 마이크로 시장의 집합체이다. 때문에 종래의 대량생산, 대량유통에 따른 매스마케팅에 익숙한 수많은 기업들은 어떤 식으로 시니어 시장에 뛰어들어야 할지, 지식과 이해가 부족하여 올바른 접근을 못하고 있는 실정이다.

이 책의 목적은 아직 시니어 시프트를 시작하지 않은 기업 관계자들을 위하여 향후 더욱 심화될 시니어 시프트 시장의 여파에 대한 이해를 돕고, 앞으로의 수용 자세에서 유의할 점과 사업 성공의 비결을 전하는 데 있다. 또한 이미 시니어 시장에 진출했지만 고전을 면치 못하고 있는 기업 관계자들에게는 어째서 고전하는지, 어떻게 하면 성공할지, 더 효과적인 방법은 없는지, 그에 대한 실천적인 힌트와 시장에 관한 통찰을 전하고자 한다.

핵가족 고령화와 인구감소라는 위기를 거꾸로 이용해 새로운 비즈니스 기회로 삼으라는 취지의 서적은 이미 많다. 하지만 그 대부분은 경제학자나 평론가가 매크로데이터를 바탕으로 논하는 주장일 뿐, 실제 비즈니스에는 거의 도움이 되지 않는다. 나는 일본 시니어 비즈니스에 관한 한 누구보다 먼저 관심을 기울여왔고, 이 책은 내가 지난 14년 동안 악전고투를 통해 축적한 수많은 실천 체험의 결정체이다. 단순한 탁상공론이 아닌, 살아 있는 지혜를 담았다고 자부한다.

고령화사회로의 전환은 기다려주지 않는 시대의 흐름이다. 당신과

당신의 회사가 이러한 시대에 도태되지 않고 지속적으로 성장하길
원한다면 이러한 시니어 시프트의 물결을 놓치지 말고 당장 행동을
취하길 권하는 바이다.

시니어 시프트는 대세다

제1부

제2부

어떻게
시니어 시프트에
대처할 것인가?

제3부 미래의 시장을
견인할
시니어 시프트

GRAY MARKET

제1부 ——————— # 시니어 시프트는 대세다

멈출 줄 모르는
시니어 시프트의 물결

:: **종이기저귀 시장의 전환**

우리 생활 속에서 오랫동안 당연하게 여겨왔던 수많은 '상식'이 뒤집히고 있다.

예를 들어 '종이기저귀'는 아기들이 쓰는 물건이라는 생각이 지배적이다. 유아용 종이기저귀 시장은 2011년 대략 1400억 엔 규모였다. 반면 성인용 종이기저귀 시장은 1600억 엔 규모에 달하여 마침내 유아용 종이기저귀 시장을 역전했을 뿐만 아니라, 2012년에는 1700억 엔을 넘어서는 등 매년 가파른 상승세를 이어가고 있다.

일본에서 1960년대에 생산을 시작한 종이기저귀가 본격적으로 보급된 것은 1980년대였다. 당시 '어머니가 게을러서 천기저귀 대신 종이기저귀를 사용한다'는 비판도 있었다. 하지만 여성의 사회 진출이 증가하면서 편리성이 부각되었고, 종이기저귀 시장은 여성들의 큰 호응을 얻으며 급속히 확대되어, 1985년 이후 연간 30퍼센트씩 급성장을 이루었다. 하지만 천기저귀에서 종이기저귀로의 전환이 정착되자 이제는 핵가족화와 출산율 감소의 영향으로 시장 성장은 둔화되었고, 1995년부터는 매출이 하락세로 돌아섰다.

반면 성인용 종이기저귀는 최근 몇 년 사이 시장 전체가 연간 5퍼센트 내외의 성장세를 보이고 있다. 일본 최대의 종이기저귀 제조사인 유니참은 성인용 종이기저귀 매출이 두 자릿수 성장세를 지속하자 2013년 생산량을 전년 대비 20퍼센트 이상 늘리기도 했다.

:: '할머니'가 등장하는 리카 인형

일본의 '리카 인형'은 여자아이들의 소꿉장난 필수 아이템으로 유명하다. 1967년 발매 이후, 누계 출하수가 5000만 개가 넘는 스테디셀러 상품이다. 긴 세월 동안 리카 인형은 초등학교 5학년인 가야마 리카를 중심으로 아빠, 엄마, 언니, 여동생, 남동생, 사촌, 애완동물로 구성된 전형적인 핵가족이었다.

그런데 2012년 4월, 이 리카 가족에 '할머니'가 등장했다. 할머니 가야마 요코는 카페 겸 꽃집 주인으로 연령은 56세. 33세의 패션 디자이너인 리카 엄마 오리에의 어머니라는 설정이다. 사실 과거에 프랑스인이라는 설정으로 친할아버지, 친할머니 인형이 발매된 적은 있었으나 '일본인' 할머니 인형은 처음이다.

할머니의 연령을 56세로 설정한 이유는 리카 인형을 처음 발매한 1967년 당시 주요 타깃이었던 11세 소녀가 2012년에 56세가 되었기 때문이다. 맞벌이 세대의 증가로 외할머니가 손자를 돌보는 경우가 늘자, 리카 시리즈의 구매자들이 제작사인 다카라토미에 "손녀와 놀 때 내 역할을 맡을 할머니 인형이 필요하다"고 요청했다고 한다.

:: 오락실은 어르신들의 놀이터

'오락실은 젊은 사람들이나 가는 곳'이라는 상식도 뒤집히고 있다. 굴지의 게임개발 회사인 캡콤은 2012년 4월 20대가 즐겨 찾는 오락시설 '플라자 캡콤'에서 시니어를 대상으로 '오락실 무료체험 투어'를 최초로 개최하여 총 330명을 모집했다. 일부 점포에서는 50세 이상 회원 대상으로 현금과 교환해 게임에 사용하는 메달을 20퍼센트 더 증정하는 서비스를 개시했고, 6월에 이르자 1200명이 넘는 회원이 모였다.

오락실에서 시니어 세대가 즐겨 하는 게임은 손자 세대가 즐기는 민첩성이 필요한 슈팅 게임이나 격투 게임이 아니라, 슬롯머신처럼 '코인'을 투입해 노는 메달 게임이다.

5년 전 택시 회사에서 퇴직한 뒤 오락실에 다니게 되었다는 69세 남성은 "전에는 집에 틀어박혀 텔레비전만 보았다. 이대로 있다가는 치매에 걸릴 것 같아 밖으로 나가야겠다는 생각에 오락실에 다니게 되었다"고 한다. 지금은 하루 세 시간 정도를 오락실에서 보내며 게임으로 모은 코인으로 놀고 있다. 몇 달 동안 사용한 금액은 월평균 2만 엔 안팎. "코인이 쌓여서 손자가 놀러왔을 때 묵직하게 쌓인 코인 주머니를 보여주었더니 손자가 할아버지 굉장하다며 환호해주어서 기쁘다"고 했다.

오락실은 쇼핑몰처럼 시니어 세대가 들르기 쉬운 위치에 있다는 이점이 있다. 오락실 관계자는 아이들이 학교에 있는 평일 낮 시간에 시니어 세대를 유치하기 위해 적극적으로 나서고 있다. 한편 오락기 앞에 오래 앉아 있기 어려운 시니어 세대를 위해 종래의 딱딱한 의자 대신 안락하고 부드러운 의자를 구비하거나 점원이 가게 안을 돌아다니며 수시로 말상대를 해주는 점포도 늘고 있다.

:: 평일 낮 노래방 손님의 60퍼센트가 시니어

노래방도 이미 젊은이들만 즐기는 장소가 아니다. 오히려 평일 낮은 시니어가 주요 고객층을 차지하고 있다. 업계 1위 노래방 체인인 고시타카에 따르면 평일 낮 시간대에는 대다수의 손님이 60세 이상 시니어로, 가게에 따라서는 시니어 손님의 비율이 60퍼센트를 넘는 곳도 있다고 한다. 이러한 시니어 고객들은 젊은이들과는 다른 방식으로 노래방을 즐긴다. 기존의 경우 야간 회식 2차 이후에 노래방으로 우르르 몰려와 음료와 먹거리를 잔뜩 주문하고 흥청망청 즐기곤 했다. 하지만 시니어 고객의 경우 대다수가 낮에 방문하며, 음식물 반입이 가능한 업소에는 직접 만든 도시락을 가져오는 대신 음식은 따로 주문하지 않는다. 음료수도 한두 잔 주문으로 끝나며 오로지 각자 좋아하는 노래를 즐기는 스타일이다.

동종업체인 다이이치코쇼는 2011년 11월에 도쿄 스기나미 구에 새로이 시니어를 대상으로 한 회원제 시설 1호점을 열었다. 노래방은 물론이고 운동과 노래교실용 스튜디오, 건강식을 제공하는 카페, 건강상태를 체크할 수 있는 라운지를 갖추고 있다.

복합 카페를 운영하는 회사인 런시스템은 최초의 고령자 대상 점포 '건유健遊공간 오타의 숲'을 군마 현 오타 시에 오픈했다. 만화책과 컴퓨터, 바둑, 장기를 즐길 수 있는 방이나 안마의자, 사교를 위한 라운지 등을 설치했다. 이용 요금은 15분에 100엔. 기존 점포의 '자유공간'은 20~40대의 이용 비율이 85퍼센트를 차지했지만, 2009년 가을부터 60세 이상 고객 할인제도를 도입한 결과 고령자의 이용 비율이 세 배로 증가하였다.

:: 스마트폰 알짜 시장의 타깃은 시니어다

스마트폰 역시 젊은 층을 대상으로 하는 상품이라는 이미지가 강하다. 하지만 시장의 주요 타깃은 시니어로 옮겨가고 있다.

2012년 8월에 후지쯔는 시니어를 위한 스마트폰 '라쿠라쿠 스마트폰'을 발매했다. 누계 출하 기기수 2200만 대를 넘은 스테디셀러 '라쿠라쿠 폰'의 편리한 조작법을 스마트폰에 응용한 기계다. 큼직한 글씨, 단순하고 읽기 쉬운 구성의 인터페이스, 단추처럼 누르는 감촉이 있고 실수할 확률이 적은 터치패널 등에서 고민한 흔적을 찾아볼 수 있다. 또한 라쿠라쿠 스마트폰 구입자만 월정액 2980엔으로 이용할 수 있는 '라쿠라쿠 무제한 패키지'라는 전용 요금제를 준비했다. 월 5460엔의 통상 정액 요금제보다 2480엔이나 저렴하다. 연금생활 탓에 허리끈을 졸라매는 시니어도 이용하기 쉽도록 진입장벽을 낮추었다.

ICT 리서치&컨설팅에 따르면 기존 휴대전화^{피처폰}의 일본 국내 출하 대수는 2010년에 2890만 대였지만 2011년에는 1858만 대로 감소하였고, 2012년도는 1540만 대로 감소 추세가 이어졌다. 하지만 스마트폰 출하 대수는 2010년에 850만 대였던 것이 2011년에는 2352만 대로 약 세 배 증가하였다. 2012년에는 2800만 대로 크게 늘어, 스마트폰이 급속도로 보급되고 있는 것으로 나타났다. 성장 시장인 스마트폰 업계에서도 제조사와 통신사는 시니어 고객을 확보

할 기회를 호시탐탐 노리고 있다.

:: 패밀리 레스토랑의 핵심 고객은 가족이 아니다

요식업체 스카이락의 계열사 중 하나인 거스트는 2012년 3월부터 500~600엔대 위주였던 종래의 조식 메뉴에 399엔짜리 모닝 BLT 샌드위치 세트 등 세 가지 메뉴를 추가했다. 퇴직자의 절약 습관에 맞추어 가격을 낮추고 식사량과 칼로리를 낮추었다. 3월 이후, 오전 6시부터 11시 사이의 매상이 3퍼센트 증가하였는데 시니어만 비교할 때는 10퍼센트 증가했다고 한다. 로열호스트도 샌드위치 등 저렴한 메뉴로 시니어의 조식 수요에 부응하고 있다.

이들 레스토랑에서는 '패밀리 레스토랑'이라는 분류 자체가 이미 과거가 되었다. 평일 낮 14시부터 17시 사이는 가족 손님이 적어, 회사원이나 학생들이 시간을 때우는 장소가 되었다. '가족형 ＝ 어린아이를 데리고 있는 어머니가 많이 찾는 식당'이라는 지금까지의 이미지를 없애고, 퇴직한 시니어가 혼자 식당에 들어가도 위화감이 느껴지지 않는 분위기를 적극적으로 조성해준다면 오전 시간대에 어르신들이 북적거리는 나고야 지역의 '고메다 커피'처럼 도심의 패밀리 레스토랑도 더욱 많은 시니어 고객들이 찾게 될 것이다.

:: 만남 주선도 시니어 시프트

중장년층을 대상으로 하는 만남 서비스나 결혼 서비스 업체의 경우, 과거에는 은밀하고 조용하게 활동했다. 신문에 광고를 낼 때도 눈에 띄지 않게 작게 싣곤 했다. 하지만 창업 52년을 맞이하는 아카네카이가 최근 '만남은 지금부터, 우리 60대'라는 큼직한 광고를 냈다. 이러한 만남 지원 서비스도 예전에는 대상 연령이 30대에서 50대 후반이었지만, 지금은 '35세부터 80세까지'로 배우자를 구하는 고객들의 연령층이 상승했다. 수명이 연장됨과 동시에 결혼과 이혼 빈도가 급증했으며, 배우자 사망 후 재혼하는 경우도 증가했기 때문이다.

나는 예전에 미국 은퇴자 커뮤니티 ^{미국식의 대규모 실버타운}에서 입주자인 84세 남성과 82세 여성이 재혼한 사례를 보았다. 그들의 방에는 수많은 가족사진이 붙어 있었는데, 아이나 손자들뿐만 아니라 서로의 증손자 사진까지 잔뜩 장식해놓은 것을 보고 놀랐던 기억이 있다. 일본에서도 그리 멀지 않은 미래에 실버타운에서 만난 사람들끼리의 결혼도 자연스러운 일이 될지 모른다.

:: 방송국의 할머니 아나운서

구마모토 현 아마쿠사 시의 인터넷 방송국 아마쿠사 텔레비전의 여성 아나운서는 할머니들이다. 지금까지 여성 아나운서라고 하면 당연히 젊은 미인을 뽑았는데 아마쿠사 방송국은 할머니들을 기용했다. 여느 사람들처럼 평범하게 농사를 짓거나 생선을 팔던 할머니들이 여성 아나운서가 된 것이다. 최고령 여성 아나운서의 나이는 108세 2012년. 할머니들이 인터넷에서 대활약하는 모습은 텔레비전과 신문에도 소개되어 큰 인기를 끌었다. 해외 미디어에서도 수많은 취재 요청이 들어오는 등 전 세계에서 주목을 받고 있다.

미국에는 '은퇴자를 위한 리빙TV RLTV'라는 케이블 방송국이 있다. 퇴직자 등 고령자를 위한 콘텐츠가 주가 되는 방송이지만 아나운서 연령은 아직 공중파 방송국과 다를 바 없다. 하지만 가까운 미래에 아마쿠사 방송국처럼 할머니 아나운서가 등장할지도 모른다.

:: 상식을 뒤엎는 시니어 시프트의 물결

이제 독자들은 지금껏 믿었던 상식이 얼마나 크게 변하고 있는지 느꼈을 것이다. 이러한 극적인 변화는 인구의 연령구성이 청장년 중심에서 고령자 중심으로 이동하는 시니어 시프트에 기인한 것이다. 사실 지금까지 거론한 사례는 빙산의 일각에 지나지 않는다. 시니어 시프트의 물결은 모든 산업에서 더욱 빠르게 확산되고 있기 때문이다.

앞으로도 고령화사회가 진행되는 한 시니어 시프트의 가속화 역시 멈추지 않는다. 당신은 이 시니어 시프트의 물결을 이미 사업에 효과적으로 활용하고 있는가? 아직 활용하지 못하고 있다면 바로 눈앞에서 일어나고 있으며, 앞으로도 지속적으로 성장할 비즈니스 기회를 두 눈 멀쩡히 뜨고 놓치는 셈이다.

1장
멈출 줄 모르는 시니어 시프트의 물결

1 / 우리 생활 속에서 지금까지 오래도록 당연하다고 믿어왔던 수많은 '상식'이 뒤집히고 있다.

2 / 종이기저귀, 리카 인형, 노래방, 스마트폰, 패밀리 레스토랑, 슈퍼마켓, 편의점과 같은 시장은 종래의 아동 및 청장년을 위한 서비스에서 시니어를 위한 서비스로 스타일을 바꾸어 매상을 높이고 있다.

3 / 이들의 극적인 변화는 오로지 인구의 연령구성이 청장년 중심에서 고령자 중심으로 이동하는 '시니어 시프트'에 기인한다. 이들 사례는 빙산의 일각에 지나지 않는다. 시니어 시프트의 물결은 모든 산업 분야에서 더욱 빠른 속도로 확산되고 있기 때문이다.

4 / 고령화사회가 진행되는 한 시니어 시프트의 가속화 역시 멈추지 않는다. 이 시니어 시프트의 물결을 효과적으로 활용하라. 코앞으로 다가온 시장에서 새로운 기회를 잡아라.

시니어 비즈니스는
기다려주지 않는다

2

:: **두 개의 시니어 시프트**

이 책에서 나는 두 가지 의미로 '시니어 시프트'라는 용어를 사용
한다. 하나는 '인구동향 시니어 시프트'로, 인구의 연령구성이 청장
년 중심에서 고령자 중심으로 이동하는 것을 뜻한다.

1950년 일본의 인구구성은 연령층이 낮을수록 인구가 많아지는
'발전도상형'이었다. 소득이 적은 경제발전도상 단계에서는 이와 같
은 인구구성이 일반적이다. 참고로 인도나 말레이시아의 2010년 인
구구성이 이와 흡사하다. 인구 증가와 경제 성장이 동시에 이루어지
는 특징을 보인다.

이에 반해 2010년 일본은 인구 그래프의 정점이 60~65세 고령자
층으로 이동했으며 연령이 낮을수록 인구수가 줄어드는 연령구성을

보인다. 전체적으로 생산연령 인구 ^{16~64세 사이의 인구}보다 65세 이상의
고령자 인구가 증가하는 추세다. 일본의 인구동향은 당초 청장년층
이 가장 큰 비중을 차지했으나 시간 경과와 함께 서서히 고령자 중
심으로 이동했다. 이러한 시프트 현상은 일본뿐만 아니라 수많은 경
제선진국에서도 찾아볼 수 있다.

또 하나의 시니어 시프트는 '기업활동 시니어 시프트'로, 이는 기
업이 타깃 고객의 연령대를 청장년 중심에서 고령자 중심으로 옮기
는 것을 뜻한다. 타깃 고객을 고령자 중심으로 바꾸려면 시장 조사,
상품 개발 및 판매, 영업, 마케팅, 점포 운영 등 사업전략을 근본에서
부터 재정립하고 전략 수행을 위한 조직 체계도 크게 바꾸어야 한다.

현재 가장 눈에 띄는 현상은 바로 이 기업활동 시니어 시프트이다.
내가 아는 한 지금 이 기업활동 시니어 시프트가 가장 첨예화된 국
가가 바로 일본이다. 이는 달리 말하면 지금까지 인구동향 시니어
시프트는 시간 경과와 함께 꾸준히 진행되었지만 기업활동 시니어
시프트는 일부 기업과 업종을 제외하면 대응이 늦었다는 뜻이다. 그
것이 이제야 본격적인 흐름을 탄 것이다.

:: 시니어 시프트는 이미 시작되었다

어째서 지금 다양한 산업 현장에서 기업활동 시니어 시프트 현

상이 일어나고 있는가? 사실 2012년은 단카이 세대의 최연장자인 1947년생이 65세, 즉 정년에 달하는 해이다. 인구수가 많은 단카이 세대가 차례로 정년을 맞이하면 이번에야말로 대량 퇴직자를 대상으로 한 새로운 비즈니스 기회가 생기리라는 기대감 때문에 시니어 시프트가 일종의 붐을 이루고 있다. 이것이 하나의 이유인 것은 분명하다. 하지만 그것만이 최근 산업계 전체에서 일어나고 있는 시니어 시프트라는 거대한 물결의 이유는 아니다.

사실 2007년에도 '2007년 문제'라는 이름으로 유사한 붐이 일었다. 인구수가 많은 단카이 세대의 최연장자가 2007년에 60세가 되면서 일제히 퇴직하리라는 예측하에 급격한 노동력 부족과 후계자 부족에 따른 기술계승 문제가 부각되었다. 하지만 결국 급격한 변화는 없었다.

그 이유는 나의 졸작《시니어 비즈니스 7가지 발상전환》,《리타이어 모라토리엄》에서 지적했듯이 단카이 세대의 절반 이상이 여성으로, 60세가 되기 전에 대부분 이미 퇴직했기 때문이고, 다른 하나는 남성의 경우 정년을 맞이한 뒤에도 다시 고용되어 급여는 낮아졌지만 정년 이전과 같은 회사에서 계속 일을 했기 때문이다. 이리하여 '2007년 문제'는 한시적인 붐으로 끝났고 이듬해인 2008년에는 흔적도 없이 묻혔다가 그해 후반에 발생한 리먼 사태로 안개처럼 사라졌다.

하지만 이제는 그때의 한시적인 붐과는 양상이 크게 다르다. 무엇이 다른가 하면 ①기업이 시니어 비즈니스에 진지하게 임하기 시작했다는 점, ②고령화 현상에 직면한 기업의 업종이 다양해졌다는 점을 들 수 있다. 2007년에도 언론을 중심으로 단카이 세대를 대상으로 하는 사업에 대한 관심은 높았으나 관찰 단계였을 뿐, 실제로 진지하게 임한 기업은 상당히 한정적이었다.

그러나 최근의 동향은 단순히 단카이 세대의 퇴직에 따른 시장 활성화와는 차원이 다르다. 향후 장기에 걸쳐 지속적으로 발생할 사회 구조의 변화에 대한 대응으로 받아들이고 있다는 점이 눈에 띈다. 그런 의미로 2012년은 '시니어 시프트의 원년'으로 부를 만한 기점이다. 실제로 나는 비즈니스 현장에서 수많은 기업 경영자, 실무 담당자와 나눈 대화를 통해 이 사실을 실감했다.

:: 시니어 시프트가 기업과 고객에 미치는 영향

이러한 시니어 시프트는 상품의 판매자인 기업과 소비자인 시니어 쌍방에 어떠한 의의를 가지고 있을까?

먼저 기업 측면에서는 점점 줄어들 청년층이 아니라 앞으로도 계속 증가할 시니어층을 자사의 핵심 고객으로 삼으면 지속적인 매출 증가와 수익화가 가능해진다. 이를 한 발 먼저 실행한 업계 사례로 편의점을 들 수 있다.

원래 편의점은 '가깝고 편리하지만 가격이 비싸다'는 이미지가 강해, 오래도록 주고객층은 젊은 남성이었고 시니어나 여성 고객은 적은 편이었다.

하지만 최근 시니어나 여성 고객의 편의점 이용 비율이 증가하고 있다. 일본 최대 편의점 체인 세븐일레븐 저팬의 내방객^{1점포당 1일 평균} ^{객수} 연령별 구성비의 연차 변화를 보면 그 경향이 확연하다. 1989년에는 30세 미만이 63퍼센트, 50세 이상이 9퍼센트였는데, 2011년에는 30세 미만이 33퍼센트, 50세 이상이 30퍼센트를 차지했다. 30세 미만 고객의 비율이 거의 절반으로 떨어진 반면 50세 이상 고객 비율은 세 배 이상 늘었다. 가게 안을 둘러보면 '세븐 프리미엄'이라는 자체 브랜드로 출시한 한 끼용 반찬 시리즈가 눈에 띄고, 도시락 코너에도 작은 팩에 든 도시락과 반찬 종류가 늘었다.

한편 로손은 자사가 운영하는 로손 스토어100에서 채소나 고기와 같은 신선품의 다양성에 중점을 두고, '로손 셀렉트'라는 저가격 자체 브랜드 상품의 비율을 늘렸다. 이러한 시책을 통해 '가깝고 편리하지만 슈퍼마켓처럼 신선품도 없고 가격도 비싸다'라는 편의점이 가진 종래의 이미지를 쇄신했다.

이러한 기업활동 시니어 시프트에 발빠르게 대응한 결과, 세븐일레븐과 로손은 해마다 수익률 최고치를 경신하고 있다.

다음으로 시니어 시프트는 상품의 구매자인 시니어에게 보다 값나가는 상품, 보다 편리한 서비스를 제공한다. 알기 쉬운 예가 대형 마트의 시니어 시프트 움직임이다.

이온이나 이토요카도, 다이에와 같은 대형 마트는 원래 상품의 다양성을 강조하기 위해 매장이 넓은 대형 점포에서 사업을 펼쳐왔다. 풍부한 상품 종류와 규모의 경제를 추구하기 위해 점포 규모를 서서히 키워나갔고, 토지 비용을 낮추기 위해 교외의 도로변에 점포를 내기 시작했다.

하지만 이러한 교외의 대형 점포는 시니어가 찾아가기 어려운 장소다. 나이가 들수록 운전을 멀리하게 되고, 허리와 다리가 쇠약해지면서 행동반경이 자택을 중심으로 좁아지기 때문이다.

또한 넓은 점포에서 원하는 상품을 찾으려면 일일이 먼 거리를 걸어야 하므로 금세 지친다. 그렇게 되면 점포가 넓은 대형 마트에 쇼핑하러 가는 일이 귀찮아진다. 또한 사고 싶은 물건이 손에 닿지 않는 높은 선반에 있거나, 가격이나 상품 설명 글씨가 너무 작아 읽기 어려우면 물건을 사려고 마트를 찾았음에도 실제로는 구입하지 않아 기회손실 비용도 커진다. 고령화의 진전과 함께 시니어 고객이 서서히 대형 마트에서 등을 돌린 것이다.

이처럼 대형 마트가 시니어 고객을 잃은 최대의 원인은 오래도록 그들의 타깃 고객이 54세 이하의 '가족'이었기 때문이다. 과거 대형 마트의 황제였던 다이에의 간판에는 '주부들의 가게 다이에'라는 문구가 있었다. 과거에는 주부와 그 아이들이 중심인 가족을 사로잡는 방법이 마트 경영의 상식이었기 때문이다.

이러한 상황에 대한 반성을 밑거름으로 각 대형 마트에서는 2011년부터 본격적으로 시니어 시프트에 주목하기 시작했다. 시니어 고객들이 좋아하는 매장, 상품, 서비스 개발 등 각 분야에서 다양한 고민이 이루어졌다. 그 결과, 각 점포에서는 휠체어가 충분히 통과하고도 남는 넓은 통로, 보행이 어려운 사람도 쉽게 탈 수 있는 느린 에스컬레이터, 도중에 휴식을 취할 수 있는 의자를 설치했다. 또한 큰 글씨로 가격을 쉽게 알아보도록 했고, 원하는 상품을 쉽게 찾을 수 있도록 빼기 쉬운 선반을 도입했다.

한편으로 고령화와 함께 증가하고 있는 1인 세대, 부부 세대를 위해 소량으로 살 수 있는 한 끼용 반찬이나 디저트, 작게 포장된 쌀과 조미료 같은 상품군을 늘렸다. 또한 음료와 술, 쌀처럼 무거운 상품은 집까지 가져다주는 배달 서비스를 도입하는 점포도 늘었다. 더 나아가 시니어 고객의 방문을 촉진하기 위해 이온의 '느긋하게 WAON'이나 이토요카도의 '시니어 nanaco'와 같은 65세 이상 고객을 대상으로 한 시니어 할인도 등장했다.

한편으로 기존의 대형 점포까지 가기 힘든 도심 주택지의 시니어 고객을 대상으로 한 이온의 '마이 바스켓'처럼 주택지 근처에 소형 마트가 등장해 점포수를 늘려가고 있다. 또한 집에서 쇼핑을 할 수 있고, 그날 바로 집으로 배달해주는 인터넷 슈퍼도 대형 마트를 중심으로 본격적으로 시작되었다.

그렇지만 시니어 시프트에 대한 마트의 대응은 이제야 겨우 시작되었을 뿐이다. 따라서 아직도 개선의 여지가 많은 것이 사실이다. 하지만 이러한 대응이 앞으로 더욱 활발해지고, 라이벌 회사와의 경쟁을 통해 상품과 서비스의 질이 향상된다면 시니어 소비자들이 느끼는 생활의 편리함과 만족도는 더욱 높아질 것이다.

:: 시니어 시프트가 국가경제를 변화시킨다

사실 이러한 기업활동 시니어 시프트는 단순히 기업이나 소비자인 시니어만 이익을 얻는 것은 아니다. 경제 활성화와 국가재정 개선에도 기여한다.

2012년 8월 10일 참의원 본회의에서 소비세 증세를 주요 골자로 한 사회보장 및 세법 개혁 관련법이 민주당, 자민당, 공명당 등 주요 3당과 기타 정당의 압도적인 찬성으로 가결되었다. 현행 5퍼센트인 소비세율을 2014년 4월에 8퍼센트, 2015년 10월에는 10퍼센트로 2단계에 걸쳐 올릴 예정이다. 2015년 10월, 소비세는 현행보다 5퍼센트 증가한다.

이 5퍼센트를 금액으로 따지면 연간 13조 5000억 엔으로, 그중 약 4퍼센트인 10조 8000억 엔을 사회보장비에 투입할 예정이다. 그 금액만큼 매년 국채 발행은 줄일 수 있지만 연금이나 의료요양비에 신규로 투입할 여유는 없다. 나머지 약 1퍼센트인 2조 7000억 엔은 육아지원 등 사회보장 강화에 투입할 예정이다.

그렇지만 2012년 일반회계 90조 3339억 엔 가운데 사회보장비는 무려 26조 3901억 엔에 달한다. 소비세를 10퍼센트까지 올려도 단솥에 물 붓는 격이다. 더군다나 세금이 오르면 생활이 한층 어려워질 것이라는 심리적 마이너스 효과로 인해 시민들이 더욱 허리를 졸라매어 소비가 침체될 가능성도 있다. 즉 세율을 올려 세수 증가를 꾀했는데 소비가 감소해 예상만큼의 세수조차 얻지 못할 우려가 발생하는 것이다.

따라서 근본적으로 ①사회보장비의 팽창 억제, ②소비세 증세에 의지하지 않고 세수를 증가시킬 방법의 모색이 필요하다. ①에 대해서는 과다한 연금지급 수준을 시정하고, 의료와 요양제도를 효율적으로 정비해 급부給付 확대를 억제하며, 생활보호자금 지급 조건을 엄격히 정비하는 노력이 필요하다.

한편 ②는 기업활동 시니어 시프트로 어느 정도 실천할 수 있다. 총무성 통계국의 '2010년 가계조사보고'에 따르면 1세대당 실질 금융자산 저축에서 부채를 제외한 자산 평균치는 60대가 2093만 엔, 70세 이상이 2145만 엔이고 ^{3장의 표 3-2 참조}, 후생노동성의 '2010년 국민생활 기초조사'에 따르면 세대수는 60대가 1083.6만 세대, 70세 이상이 1191.1만 세대이다. 이 수치에 따르면 60세 이상 인구의 실질금융자산 합계는 482조 2882억 엔이 된다.

:: 개인금융자산 1400조 엔의 진실

이 '가계조사보고'의 데이터를 기초로 산출하면 모든 연령층의 저축 총액은 796조 7383억 엔에 이른다. 신문에 종종 나오는 '일본의 개인금융자산은 1400조 엔'이라는 수치에 비하면 작아 보이기도 한다. 1400조 엔이라는 수치는 일본은행의 자금순환계정 수치를 인용한 것이다. 그런데 이 1400조 엔 속에 부채 잔고는 빠져 있다는 사실은 다들 잘 모른다.

더욱이 이 수치에는 ①기업연금 등 연금준비금, 예치금(골프장 예탁금 등), 미수금(예금·적금의 경과이자 등)과 같은 일반적으로 개인이 반드시 금융자산으로 인식하지 않는 금액이 포함되어 있으며, 그외 ②개인사업자(자금순환계정에서는 가계부문에 포함)가 보유한 사업성 결제자금 등의 자산도 포함되어 있다. 개인금융자산에 이러한 금액들이 포함되어 있는 것은 금융 분류상으로는 이해할 수 있지만 일반서민의 감각으로 볼 때는 '개인금융자산'이라는 단어가 주는 느낌과 상당한 괴리가 있다. 신문 등에서 인용하는 이러한 수치는 오해를 불러일으킬 수 있으므로 주의해야 한다.

:: 시니어 자산의 30퍼센트 소비가 국가 예산의 1.6배

그렇다면 60세 이상의 시니어가 보유한 실질금융자산 합계 482조 2884억 엔의 30퍼센트인 144조 6865억 엔이 소비지출에 사용되었을 때 소비세율을 5퍼센트로 억제한다면 세수는 7조 2343억 엔이 된다. 이 수치는 소비세를 현행 5퍼센트에서 10퍼센트로 인상했을 경우 추정되는 세수 증가분 13조 5000억 엔에 비해 약 6.3조 엔 부족하다. 하지만 시니어의 자산이 소비에 사용된다면 소비세를 인상하지 않아도 세수 부족분을 충족시킬 수 있다는 점에 주목하길 바란다.

일본에서는 이미 소비세 증세 법안이 국회에서 가결되었으므로 이 이야기는 공론으로 들릴지 모른다. 하지만 여기에서 말하고 싶은 바는 청장년층 대비 시니어 소비 지출이 가지는 영향력의 크기다. 앞서 말한 계산법은 소비세수에 초점을 맞추고 있지만 사실 소비세수만 증가하는 것이 아니다. 그 이상으로 일반회계 90조 3339억 엔의 1.6배에 이르는 144조 6865억 엔이라는 금액이 실질경제로 유입된다는 점이 중요하다.

덧붙여서 앞서 예로 든 실질금융자산 2010년의 평균치는 50대가

1109만 엔, 40대가 142만 엔으로 시니어층에 비해 그 금액이 적다. 30대는 마이너스 226만 엔(즉 저축보다 부채 비율이 크다), 30대 미만은 마이너스 48만 엔이다. 시니어층에 비해 청장년층의 실질금융자산은 훨씬 적으므로 청장년층의 자산 소비는 기대하기 어렵다.

3장에서 상세히 설명하겠지만, 시니어층이 실질금융자산을 많이 가지고 있다고 해서 그것이 전부 소비로 이어지는 것은 아니다. 또한 미래예측이 갈수록 불투명해지는 가운데, 60세 이상의 인구 모두가 실질금융자산의 30퍼센트, 아니 20퍼센트를 소비에 사용한다는 가정은 현실적이지 못하다는 지적도 있을 것이다.

바로 그렇기 때문에 기업활동 시니어 시프트에 커다란 의의가 있다. 상품 판매자인 기업이 적극적으로 시니어 시프트에 주력함으로써 구매자인 시니어는 더욱 만족도 높은 상품과 편리한 서비스를 누릴 수 있다. 즉 시니어가 필요로 했지만 지금까지 시장에는 없었던, 부가가치 높은 상품과 서비스가 많이 등장하게 된다. 그렇게 되면 그런 상품을 기다렸던 구매자들의 요구에 부응할 기회가 늘 테고, 결과적으로 시니어의 소비도 증가할 것이다.

시니어의 소비가 증가하면 앞서 말한 소비세수도 증가한다. 또한 기업의 매출과 수익이 증가하고 업적이 향상되면 법인세 세수도 증가한다. 그 결과, 국가의 세수가 증가하고 재정도 건전해진다. 재정이 개선되면 그리스처럼 국가파산에 빠질 염려도 없고, 국제적 신용도 유지할 수 있으니 시니어도 안심하고 노후를 보낼 수 있다.

:: 시니어 시프트의 물결을 타라!

이미 10여 년 전부터 시니어를 주요 고객으로 삼아 실적을 쌓아온 기업은 물론이요, 최근에는 소매업을 필두로 시니어 고객의 마음을 사로잡아 실적을 확대하려는 기업이 늘어나고 있다. 그런 한편 여전히 종래의 청장년층 고객 기반에만 의존해 실적을 놓치고 있는 기업도 많다. 특히 고도성장기에 청장년층이나 가족층을 대상으로 한 히트 상품을 다수 발표해 성장한 제조업에서 그런 경향이 두드러진다. 이러한 기업들은 해마다 매출이 감소하고 있는데도 종래의 업태나 비즈니스 모델에서 벗어나지 못하는 경우가 많다.

다른 한편으로 시니어 시장의 중요성을 깨닫고 시니어 시프트에 뛰어들었지만 고전하고 있는 기업도 많다. 3장에서 상세히 다루겠지만 시니어 시장의 특징은 매스마켓이 아니라 다양한 마이크로 시장의 집합체라는 점이다. 종래의 대량생산, 대량유통에 따른 매스마케팅에 익숙한 기업은 이러한 특징을 가진 시장에 어떻게 대응해야 할지 지식과 이해가 부족해 올바르게 접근하지 못하는 경우가 많다.

이제 나는 시니어 시프트에 뛰어들었지만 고전하고 있는 기업의 경영자, 실무 담당자들에게 시니어 시장에서 성공할 실천적인 힌트를 전하고자 한다.

또한 아직 시니어 시프트를 시작하지 않은 기업의 경영자와 실무자에게는 앞으로 시니어 시프트에 임할 때 유의해야 할 점과 사업 성공을 위한 핵심 정보를 전하고자 한다.

시니어 시프트는 기다려주지 않는 시대의 물결이다. 기업의 지속 가능성을 높이고 보다 건전한 성장을 주도하기 위해서는 이 움직임에 뒤처지지 말고 지금 시작해야 한다.

2 장
시니어 비즈니스는 기다려주지 않는다

1 / 시니어 시프트에는 두 종류가 있다. 하나는 '인구동향 시니어 시프트'로 인구의 연령구성이 청장년층 중심에서 고령자 중심으로 옮겨가는 것을 뜻한다. 또 하나는 '기업활동 시니어 시프트'로 기업이 타깃 고객의 연령구성을 청장년층에서 고령자 중심으로 옮기는 것이다.

2 / 기업활동 시니어 시프트의 움직임은 단순히 단카이 세대 퇴직에 따른 시니어 시장 붐과는 차원이 다르다. 앞으로 장기에 걸쳐 지속적으로 일어날 사회구조 변화에 적극 대응하고 대처한다는 점이 특징이다.

3 / 시니어 시프트에 주력해 실적을 올리고 있는 기업이 증가하는 한편, 여전히 종래의 청장년층 중심 고객 기반에 의존해 실적을 놓치고 있는 기업도 많다.

4 / 또한 시니어 시장의 중요성을 깨닫고 시니어 시프트에 임하고 있지만 고전하고 있는 기업도 많다.

5 / 시니어 시프트는 기다려주지 않는 시대의 흐름이다. 장기에 걸친 지속적 성장을 위해서라도 이 움직임에 뒤처지지 말고 지금 당장 행동을 취해야 한다.

제2부

어떻게
시니어 시프트에
대처할 것인가?

3

시장을 정확히
분석하라

— 매스마켓이 아닌 100조 엔 시장

:: 시니어 소비 100조 엔의 진실

2012년 1월 21일 일본경제신문 석간 1면에 '시니어 소비 100조 엔'이라는 기사가 실렸다. 이 기사를 본 독자들은 무슨 생각을 했을까? 내 주변 사람들은 "100조 엔이나 돼? 역시 시니어 시장은 크구나"라는 반응을 보이는 한편 "고령자라고 하면 검소한 생활밖에 안 떠오르는데, 어디에 100조 엔이나 되는 시장이 있다는 거지?"라는 반응도 적지 않았다.

이 기사에서 기자가 인용한 데이터는 다이이치 생명경제연구소가 2011년 12월 9일에 발표한 '고령자 소비, 100조 엔의 행방'이라는 리포트다. 이 리포트의 추정치에 따르면 2011년 60세 이상 인구의 소비는 101조 2000억 엔이라고 한다. 한편 UN의 '2010년 세계인

구예측 개정판'에 따르면 2011년 일본의 60세 이상 인구는 3930만 1153명이다. 이들 수치를 기준으로 하면 2011년 60세 이상 인구의 1인당 연간소비 추계액은 257만 4988엔, 월 21만 4582엔이다. 시니어 소비 100조 엔이라고 하면 대단히 큰 금액으로 보이지만 1인당 수치로 따지면 월 21만 4600엔 정도인 것이다.

한편 총무성 통계국의 '2010년 가계조사보고'에 따르면 세대주가 60세 이상인 가정의 소비지출은 다음과 같다.

1. 근로자 세대 : 월평균 31만 5212엔
   근로자 세대란 세대주가 회사·관공서·학교·공장·상점 등에서 일하는 세대를 말하며, 60세 이상 세대의 15.2퍼센트를 차지한다.
2. 무직 세대 : 월평균 20만 7302엔. 60세 이상 세대의 67.8퍼센트가 무직 세대다.
   2-1) 독신 무직 세대 : 월평균 14만 5963엔(60세 이상 세대의 26.1퍼센트를 차지)
   2-2) 고령 부부 무직 세대 : 월평균 23만 4522엔(60세 이상 세대의 23퍼센트를 차지)

근로자 세대의 평균 인구수는 2.72인이므로 근로자 세대 구성원 1인당 소비지출은 31만 5212엔/2.72=11만 5887엔이 된다. 한편 고령 부부 무직 세대의 1인당 소비지출은 23만 4555엔/2=11만 7278엔이다.

실제로 근로자 세대에서는 세대주의 소비지출이 가장 많다고 보므로 단순하게 비교할 수는 없지만 '가계조사보고'의 수치는 다이이치 생명경제연구소의 추계치와 비교하면 대체적으로 적은 편이다.

나는 이 문제에 대하여 추계를 담당한 다이이치 생명경제연구소 조사부 수석경제학자 구마노 히데오 씨에게 직접 문의했다. 그러자 구마노 씨의 계산식은 '고령자 세대 전체'의 소비액이라는 사실이 판명되었다.

고령자 세대는 세대 구성원 수에 따라 '독신 세대', '2인 이상 세대'로 분류된다. '2인 이상 세대'에는 고령자가 아닌 구성원도 포함된다. 구마노 씨의 계산식에는 이러한 고령자 이외의 구성원들의 소비도 포함되어 있었다. 덧붙여서 구마노 씨의 계산식은 내각부의 '국민경제계산^{GDP통계}'의 명목 GDP를 기준으로 계산한 것으로, '가계조사보고'의 수치로 계산한 데이터는 아니다.

구마노 씨에 따르면 세대가 아니라 세대 구성원으로 계산하면 60세 이상 인구의 소비는 77.1조 엔이라고 한다. 다만 이 계산은 '2인 이상 세대'의 65세 이상 구성원이 다른 가족과 동등한 소비지출을 하고 있다는 가정하에 계산한 추계치다. 이는 다소 대담한 가정으로, 추계 방법의 객관성을 따진다면 '1인 기준 77.1조 엔'이라고 말하기는 어렵다. 60세 이상 인구의 소비는 아마 77.1조 엔보다 더욱 적을 것으로 보인다.

나는 앞서 말한 '가계조사보고'의 60세 이상 인구 1인당 연간소비

금액 평균은 실태보다 적다고 생각한다. 실태보다 더 낮은 수치라고 생각하는 이유는 개인지출이라는 사생활에 관한 조사 의뢰의 경우, 일반적으로 답변자가 금액을 적게 신고하는 경향이 있기 때문이다. 수치 기입은 자발 신고이므로 극단적으로 말하면 적당한 숫자를 써넣어도 불평할 사람도 없고, 확인할 수도 없는 것이 현실이다. 이는 설문조사라는 수단의 한계이기도 하다. 그렇지만 샘플 수가 많으며 해마다 1회씩 꾸준히 실시하고 있으므로 어느 정도 신빙성은 있다고 본다.

:: 편차값이 큰 고령자 세대의 소득

여기에서 표 3-1을 보자. 이 표는 2010년 후생노동성의 '국민생활 기초조사'에 따른 고령자 세대와 전체 세대의 연간소득 분포를 나타내고 있다. 여기에서 고령자 세대란 세대주가 65세 이상인 세대를 뜻한다. 이 도표로 알 수 있는 점은 고령자 세대의 소득은 '세대에 따라 편차가 크다'는 사실이다.

즉, 고령자 세대의 소비형태는 다양해서 일률적으로 말할 수 없다. 앞서 말했듯 시니어 소비를 60세 이상 인구의 소비로 본다면 이는 대략 77조 엔 규모로, 항간에서 말하는 100조 엔을 밑돌지만 그래도 상당한 규모인 점은 확실하다. 하지만 그렇다고 해서 그런 규모

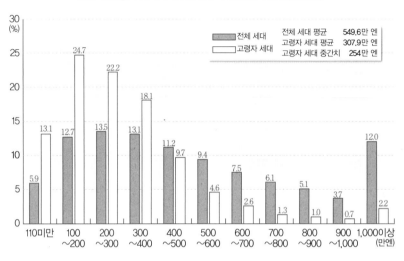

표 3-1 고령자 세대와 전체 세대의 연간소득 분포(2010년)

전체 세대 평균 549.6만 엔
고령자 세대 평균 307.9만 엔
고령자 세대 중간치 254만 엔

출처 : 후생노동성 '2010년 국민생활 기초조사', 무라타 어소시에이츠 작성

의 소비에 사용되는 자금이 자동으로 당신이 운영하는 회사의 상품 소비에 사용되는 것은 아니다. 기업이 상품을 팔기 위해서는 다양한 시니어 소비자들 가운데 과연 누가 타깃 고객이 될지 주의 깊게 고민할 필요가 있다. 기업 담당자는 '시니어 소비 100조 엔'이라는 막연한 유혹에 휘둘리지 않도록 시니어 시장의 본질을 꿰뚫어보고 면밀하게 대응해야 한다.

:: 타깃 시니어의 나이를 정확히 파악하라

그런데 시니어는 대체 무엇에 얼마를 소비하고 있을까? 앞의 '2010년 가계조사보고'에 세대주 연령별로 세대당 월평균 소비지출총 세대 수치가 있다. 그런데 50~59세 세대와 시니어 세대60세 이상 세대의 수치를 비용 항목별로 비교하면 지출금액의 편차가 크다.

예를 들어 세대주 연령이 50~59세인 세대의 월평균 지출은 29만 9922엔이지만 60~69세 세대에서는 25만 6985엔, 70세 이상 세대에서는 19만 9936엔으로 점점 줄어들고 있다. 시니어 세대라고 묶어 말하지만 60대와 70대의 지출액은 월 5만 7049엔이나 차이가 난다. 이것만 보아도 시니어 세대를 60세 이상으로 일괄 설정하면 소비 실태를 잘못 파악할 수 있다. 또한 소매업 등에서는 오래도록 '가족층=54세 이하'라는 구분법이 일반적이어서 '시니어=55세 이상'이라는 구분으로 시장을 분석하는 사례가 종종 있다. 하지만 그렇게 되면 시장을 더욱 오해할 소지가 있다.

또한 연령이 높아질수록 거의 모든 비용 항목에서 소비가 줄어든다. 특히 50~59세 세대에서는 월 1만 5151엔이던 교육비가 60~69세 세대에서는 915엔, 70세 이상 세대에서는 419엔으로 격감했다. 이는 대부분의 세대에서 자녀교육이 끝났기 때문이다. 식비가 줄어드는 이유는 식구 수의 감소와 식사량 자체의 감소가 원인이다. 피복구입비도 줄어드는데 이는 식구 수의 감소와 함께 세대주 본인도 퇴직 후에는 양복이나 셔츠, 넥타이, 가죽구두 등의 필요성이 사라지면서 많이 사지 않기 때문이다.

한편 금액이 크게 변하지 않은 비용 항목은 주거비, 광열비, 수도비, 가구 및 가사용품 구입비. 이 항목들은 한 집에 산다는 전제하에 연령에 큰 영향을 받지 않기 때문이다. 눈에 띄는 점은 교양, 오락비 비율은 연령이 높아질수록 오히려 조금씩 증가한다는 사실이다. 정년퇴직 후에는 자유시간이 늘어 업무 이외의 취미에 돈을 들이기 때문이다.

그 밖에 금액으로나 비율로나 증가하는 것이 보건의료비이다. 50~59세 세대에서는 전체 지출의 3.5퍼센트였던 의료비가 70세 이상 세대에서는 6.0퍼센트까지 증가했다. 연령 증가에 따른 신체기능 변화로 인해 건강유지나 의료를 위한 지출이 늘어나는 경향을 엿볼 수 있다.

시니어를 대상으로 상품과 서비스를 제공하고 싶다면 연령에 따른 소비 패턴의 차이와 함께 이러한 지출 비목별 수치를 염두에 두면 도움이 된다. 가령 식비의 경우 60대는 1일 2052엔을 지출한다. 평균 세대원 수가 2.27인이므로 1인당 하루 904엔을 지출하는 셈이다. 마찬가지로 1일 1640엔을 지출하는 70대 이상은 평균 세대원 수가 1.85인이므로 1인당 하루 886엔이 된다. 이러한 수치를 알아두면 시니어에게 팔릴 가격대의 이미지도 쉽게 떠오를 것이다.

물론 지금까지 한 이야기는 평균치를 바탕으로 하고 있으므로 소비자의 실제 지출액과는 다를 수 있다. 다만 시니어 소비 100조 엔이라는 막연한 계산보다 이러한 수치를 기초로 하면 훨씬 더 현실적인 상품전략을 구축할 수 있다.

:: 시니어 자산의 특징은 '고자산 빈곤층'

앞서 말했듯 시니어의 소비력이 다시 각광을 받고 있다. 단카이 세대의 최연장자인 1947년생이 2012년에 65세를 맞이하면서 대량으로 퇴직해 새로운 시장이 형성되리라는 기대가 크기 때문이다. 또한 구매력이 떨어지는 청장년층보다 잠재 가능성이 있다는 예측도 있다. 하지만 기업의 대응을 보면 여전히 시니어 시장을 '인구수가 많고, 돈 많고 시간 많은 사람들의 시장'으로 보는 경우가 많다. 과연 그럴까?

일본의 총인구는 감소 경향을 보이지만 고령자 인구는 앞으로도 지속적으로 증가할 전망이다. 또한 세대주의 연령별 실질금융자산(저축에서 부채를 뺀 금액) 평균치 표 3-2를 보면 60대 이상이 전체 세대 가운데 가장 높다. 또한 세대주의 연령별 주택보유율 표 3-3도 60대 이상이 전체 세대 중 가장 높다. 즉 60대 이상의 보유자산이 가장 많다는 것은 명확하다.

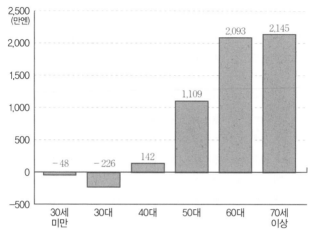

표 3-2 세대주 연령별 실질금융자산

출처 : 총무성 통계국 '2010년 가계조사보고'(2011년 2월 15일 발행), 무라타 어소시에이츠 작성

하지만 앞의 연간 소득분포 ^{표 3-1}를 보면 고령자 세대의 평균소득은
307.9만 엔으로 전체 세대 평균치 549.6만 엔의 56퍼센트 수준이다.
또한 고령자 세대의 중간치는 254만 엔으로 100만 엔에서 300만 엔
사이에 가장 많은 인구가 분포되어 있다. 즉 소득면에서는 60대 이
상이 차지하는 비중이 결코 크지 않다.

이렇듯 시니어 자산의 특징은 '고자산 빈곤층'이다. 정확히는 '자
산은 많지만 현금이 없는^{assets rich, cash poor} 상태'를 가리킨다. 때문에
시니어들은 막상 고액지출이 필요할 때를 위해 자금을 비축해두려
는 경향이 강하고, 평소 생활에서는 근검절약을 하며 불필요한 사항

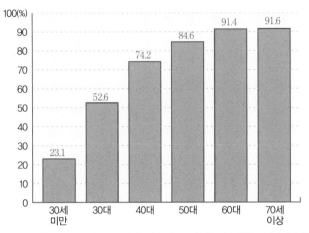

표 3-3 세대주 연령별 주택보유율

출처 : 총무성 통계국 '2010년 가계조사보고'(2011년 2월 15일 발행), 무라타 어소시에이츠 작성

에는 되도록 지출하지 않으려는 소비 스타일을 가진 사람들이 많다. 사회보장이나 경제정세 등 미래에 대한 밝은 전망이 보이지 않으므로 시니어의 3대 불안(건강, 경제, 고독) 때문에 자산을 소득으로 전환하기 어려운 것이 실상이다.

또한 후생노동성의 '2010년 국민생활 기초조사'를 보면 세대주의 연령별 세대당 월평균 '소비지출'은 세대주 연령별 '연간소득' 표 3-4 과 거의 비례한다는 사실을 알 수 있다. 이는 곧 자산이 많다고 해서 그것이 전부 일상 소비에 투입되는 것은 아니라는 뜻이다.

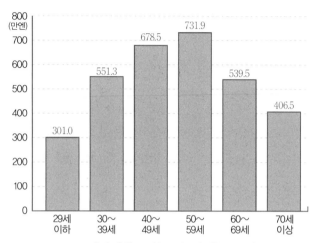

표 3-4 세대주 연령별 연간소득

출처 : 후생노동성 '2010년 국민생활 기초조사', 무라타 어소시에이츠 작성

:: 소득 소비와 자산 소비를 혼동하지 마라

시니어 시장의 소비형태를 소비에 사용하는 금융자산의 관점으로 분류하면 ①소득 소비, ②자산 소비, ③자산·소득 소비의 세 가지로 나눌 수 있다.

먼저 소득 소비란 주로 소비재 구입이다. 일상생활에서 소비하는 재화로 비교적 저렴한, 소위 생필품으로 거의 매일 사는 품목을 말한다. 앞서 말했듯 일반적으로 시니어는 소득이 적으므로 그 소득의 소비 항목에 새로이 자사 상품을 끼워 넣으려면 상당히 치밀한 접근이 필요하다.

다음으로 자산 소비란 비일상적인 소비다. 일반적으로 비싸며 긴급할 때 사는 물품이다. 자산 소비로는 금융상품, 주택 리폼, 해외여행, 장례식, 묘소 등이 해당된다. 이런 소비는 아직 종류가 많지 않다. 자산 소비를 더욱 촉진하기 위해서는 보다 다양한 상품을 제안해야 한다.

마지막으로 자산·소득 소비란 살 때 비싼 돈을 들이고 이용할 때 조금씩 비용을 지불하는 형태의 소비다. 자산으로 초기 비용을 지불하고, 소득으로 유동 비용을 지불하는 상품이 이 유형에 해당한다. 유료 실버타운, 리조트 회원권, 자동차 등이다. 단 유료 실버타운은 최근 상황이 변화하고 있다. 몇 년 전에 비해 초기 입주금의 가격 파괴가 진행되어 최근에는 입주금이 매우 저렴하거나 아예 없는 경우도 늘고 있다. 즉 '자산·소득 소비형' 상품이었던 것이 '소득 소비형' 상품으로 변하고 있는 것이다.

:: '나이'가 아니라 '변화'에 주목하라

비단 시니어에 국한시키지 않더라도 사람이 재화나 서비스를 사는 계기는 '상태의 변화'이다. 어떠한 상태가 변화하면 소비 수요가 발생한다.

첫 번째는 '노령에 따른 신체 변화'로, 우리의 몸은 나이를 먹으면 변한다. 때문에 새로운 상품과 서비스의 수요가 발생한다. 리빙생활 HOW연구소의 조사에 따르면 50대 여성과 60대 여성을 대상으로 한 '최근 건강이나 체형 변화에서 걱정되는 점이 있습니까?'라는 질문에 양쪽 다 절반이 '체력 감퇴'를 가장 먼저 꼽았다. 50대 여성은 '피부 노화'와 '갱년기 장애'가 걱정된다고 대답한 사람의 비율이 높은 반면, 60대 여성은 '관절통'이라고 대답한 사람의 비율이 높았다.

이어서 '미용이나 체형 유지를 위해 정기적으로 하는 활동이 있습니까?'라고 묻자 50대 여성 중 가장 많은 대답이 '보조약제 섭취'인 반면, 60대 여성은 운동이라는 답변이 많았다. 50대 여성은 아직 일 때문에 바쁘지만 60대 여성은 근로자 비율이 크게 떨어진다. 이런 배경에 따라 소비행동에도 차이가 생기는 것이다.

두 번째는 '소비자 본인의 라이프 스테이지의 변화'이다. 남성의 가장 큰 변화는 퇴직이다. 당신은 실제로 퇴직을 계기로 어떤 활동을 할 것인가? 광고기획사 덴쓰의 조사에 따르면 가장 많은 답변이 부부 여행이었다. 응답자 중 거의 절반 정도가 퇴직 후 여행을 떠난 것으로 조사됐다. 다음으로 컴퓨터 구입, 주식이나 펀드 구입, 보험 점검, 자동차 교체, 주택 리폼 등의 답변이 상위를 차지했다. 이들의 공통점은 전부 고액 상품이라는 점이다. 이런 상품은 퇴직 시점에는 어느 정도 팔리지만 그리 자주 팔리는 상품은 아니다. 따라서 타깃으로 보는 고객이 어느 타이밍에 퇴직할지를 미리 알고 제때에 제공하는

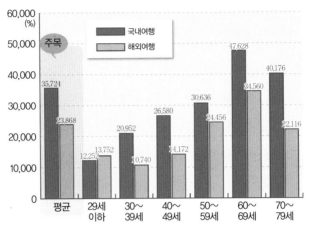

표 3-5 세대주 연령별 세대당 패키지 여행경비 연간 지출액(2010년)

출처 : 총무성 통계국 '가계소비상황 조사통신'(2011년 4월)

것이 중요하다.

또한 덴쓰의 이 조사 결과는 2005년 10월 시점의 자료이다. 덴쓰는 2012년 5월에도 똑같은 조사를 실시했는데, 그 결과에서는 앞서 말한 컴퓨터 구입과 자동차 교체가 상위 회답에 나오지 않았다. 그 이유는 젊은 세대는 퇴직 전에 이미 컴퓨터를 가지고 있으며 자동차 교체도 퇴직 시기와 큰 상관없이 구입하는 경향이 있기 때문이다.

표 3-5는 2010년 패키지 여행의 연간 지출이다. 가장 많은 이용자는 역시 60~69세로, 국내여행, 해외여행 다 많았다. 다음으로 많은 것이 놀랍게도 70세 이상 이용자였다. 여행의 경우 퇴직 직후 바로 떠나고, 그 후로도 기회가 되면 몇 번씩 떠나는 패턴을 보인다.

:: 생활 기반의 변화에 따른 다운사이징 소비

2011년에 시니어가 많이 구입한 자동차는 하이브리드 차량과 경차였다. 어째서 하이브리드 차량이 팔리는 것일까? 동일본 대지진으로 원자력 발전이 멈추고 전력이 부족해지자 계획정전이나 에너지 절약 캠페인 붐이 일었다. 이런 상황에 부응해 시니어도 친환경 자동차를 사는 것처럼 보이지만 사실 꼭 그런 것은 아니다. 에너지 절약의 본질은 비용 절감, 즉 지출의 절약이기 때문이다.

일반적으로는 퇴직하고 연금에 수입을 의존하게 되면서 소득이 줄면 거기에 맞추어 지출도 자제하게 된다. 그 결과, 생활의 '다운사이징 규모의 축소'을 실시하게 된다. 아이들도 독립했으므로 큰 자동차도 필요 없다. 유지비를 되도록 줄이고 싶기 때문에 가솔린 소비가 적은 자동차를 찾는다. 2011년에는 우연히 지진이라는 큰 사건이 있었지만 그 일이 없었어도 단카이 세대 퇴직자가 조금씩 증가하고 있으므로 하이브리드 차량이나 경차는 팔린다. 이러한 다운사이징 소비는 퇴직 직후부터 반년 사이에 많이 이루어진다.

세 번째는 '가족의 라이프 스테이지 변화'이다. 소비 당사자의 라이프 스테이지뿐만 아니라 가족의 라이프 스테이지가 변해도 소비는 발생한다. 앞서 말한 리빙생활 HOW연구소의 조사에 따르면 '남편은 현재 직장에 다니고 있습니까?'라는 질문에 50대 여성은 73.8퍼센트가 그렇다고 대답했지만, 60대 여성은 17.9퍼센트만이 그렇다고 대답했고, 55퍼센트가 무직이라고 답변했다. 50대와 60대는 남편의 상황이 크게 다른 것이다. 예를 들어 '제2의 인생을 고려할 때 희망하는 주거지는?'이라는 질문에 50대는 절반이 '지금 이대로가 좋다'고 대답했고, 나머지 절반 중 21.3퍼센트가 '부모님 곁으로 이사하겠다', '도심의 맨션으로 이사하겠다', '리조트나 시골로 이사하겠다' 등 다양한 응답을 했지만 28.7퍼센트는 '모르겠다'고 대답했다. 즉 기대와 환상을 가진 사람과 예상을 하지 못하는 사람이 절반을 차지하는 것이다. 50대는 남편이 앞으로 어떻게 될지 아직 모르는 사람이 많다. 또한 요양이 필요한 부모가 있다면 불확정 요소는 더욱 늘어난다.

하지만 60대는 75.3퍼센트가 '지금 이대로가 좋다'고 대답했다. 대부분의 경우 남편의 퇴직 후 생활이 다시 제자리를 찾고 부모님 문제도 해결되어 불확정 요소가 줄어들기 때문이다. 따라서 후련한 기분으로 터전을 잡고 남은 시간을 즐기려는 방향으로 마음이 바뀐다.

:: 매스마케팅이 통하지 않는 마이크로 시장의 집합체

결국 시니어의 소비는 '연령'이 결정짓는 문제가 아니다. 오히려 시니어 특유의 '변화'로 결정된다. 소비행동이란 표면적인 현상으로, 그 이면에 어떠한 변화가 있는지 깊이 이해하는 것이 중요하다. 신체의 변화인지, 가족 구성의 변화인지, 라이프 스테이지의 변화인지, 이것을 정확하게 짚어내 적절한 타이밍에 상품과 서비스를 제시하는 게 중요하다.

이와 같이 시니어층의 소비행동은 청장년층에 비해 매우 다양하고 다면적이다. 단카이 세대는 인구수는 많지만 모두가 똑같은 재화를 구입하지는 않는다. 그러므로 소비되는 재화는 사람마다 다르다. 내가 10년 전부터 주장하고 있지만 시니어 시장은 매스마켓이 아니라 '다양한 마이크로 시장의 집합체'이다. 새로운 소규모 시장이 무수히 발생하므로 매스마케팅을 적용하기 어렵다.

다만 오해가 없도록 덧붙이자면 매스미디어의 위력이 완전히 사라지는 것은 아니다. 매스미디어의 효용이 변하고 있는 것이다. 따라서 상품 제공자는 매스미디어를 어떻게 사용할지 연구해야 한다. 기존 그대로 신문에 커다란 광고를 떡하니 내면 팔리는 시장이 아니다. 최근의 50대 대상 화장품 광고만 보아도 옛날과는 상당히 다르다. 시니어 시장은 '연령'이 아니라 새로운 '가치관'으로 묶인 시장으로 이해해야 한다. 그 새로운 가치관이 무엇인지, 이것을 찾아내는 것이 시니어 시장에서 비즈니스를 끌고 갈 열쇠다.

또한 현대라는 시대의 특징이 소비행동을 다양화하고 있다. 첫 번째 특징으로 경제 성숙기에 따른 재화의 잉여를 들 수 있다. '최근 백화점에 가도 살 게 없다'고 말하는 성인들이 많다. 고도성장기에는 기본적으로 상품의 선택지가 적었고, 소비자의 소유물도 적었기 때문에 가게에 신상품을 진열하면 뭐든지 팔렸다. 하지만 재화가 남아도는 현대에는 신상품을 진열하기만 해서는 팔리지 않는다. 때문에 상품 제공자는 같은 값이라면 품질이 더 좋은 물건을, 같은 품질이라면 값이 더 싼 물품을 제공하려 한다. 그 결과, 시장의 상품은 더욱 다양해졌고 구매자의 소비행동도 다양화되는 현상이 무한반복된다.

3장
시장을 정확히 분석하라

1 / 시니어 소비 100조 엔이라고 하지만 이 수치에는 고령자 세대에 포함된 '고령자 이외의 구성원의 소비'도 포함되어 있다는 점에 주의해야 한다.

2 / '시니어 세대 = 60세 이상'으로 단순구분하면 소비실태를 정확히 파악할 수 없다. 60세 이상이라도 연령별로 소비 패턴이 다르기 때문이다.

3 / 시니어 자산의 특징은 '고자산 빈곤층'이다. 자산이 많다고 해서 그 자산을 전부 일상 소비에 사용하는 것은 아니다.

4 / 시니어의 소비는 '연령'으로 결정되는 것이 아니다. 오히려 시니어 특유의 '변화'가 결정짓는다. 소비행동이란 표면적인 현상이고 그 이면에 어떤 변화가 있는지 심도 있게 이해하는 것이 중요하다.

5 / 시니어층의 소비 행동은 청장년층에 비해 매우 다양하고 다면적이다. 시니어 시장은 매스마켓이 아니라 '다양한 마이크로 시장의 집합체'이다. 따라서 매스마케팅을 적용하기 어렵다.

스마트한 시니어를
납득시켜라

─ 스마트 시니어의 인터넷 이용률

:: **10년 사이 크게 변화한 시니어의 인터넷 이용률**

시니어의 소비행동을 파악할 때 반드시 고려해야 할 중요한 요소가 있다. 우리가 사는 현대는 소비행동에 인터넷이 미치는 영향이 크다는 점이다.

나는 1999년 도쿄, 나고야, 오사카에서 50세 이상 남녀를 대상으로 인터넷 이용률을 조사한 바 있다. 당시 인터넷 이용률은 고작 3퍼센트에 불과했다. 당시 50세 이상 인구는 100명 중 3명만 인터넷을 사용했던 것이다. 겨우 13년 전의 일이다.

그 후로 13년이 지난 지금, 상황은 어떻게 변했을까? 표 4-1은 2001년 12월부터 2010년 12월까지 연령별 인터넷 이용률 추이를 나타낸 것이다. 어느 연령의 이용률이 가장 많이 증가했을까? 분명

표 4-1 연령별 인터넷 이용률 추이

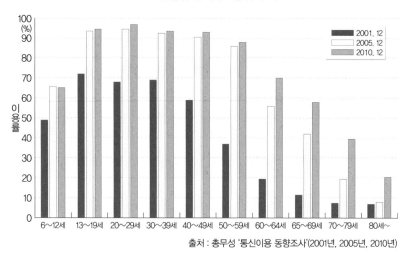

출처 : 총무성 '통신이용 동향조사'(2001년, 2005년, 2010년)

50대 이상이다. 2001년부터 2005년 사이에는 50대의 이용률이 높아졌고, 2005년부터 2010년 사이에는 60대의 이용률도 높아졌다. 아마 앞으로 10년만 더 지나면 70대 이상의 연령별 이용률도 더욱 높아질 것이다. 이것으로 알 수 있듯 시니어의 인터넷 이용률 상승은 시간문제다.

:: 스마트 시니어의 증가로 시장의 성격이 변했다

이와 같이 가까운 미래는 시니어의 대다수가 인터넷으로 간편하

스마트한 시니어를 납득시켜라

고 손쉬우며 저렴하게 정보를 입수해 현명한 소비행동을 하는 시대가 된다. 나는 13년 전인 1999년 9월 15일 아사히신문을 통해 인터넷 시대의 새로운 고령자 모델인 '스마트 시니어'라는 개념을 제창했다. 또한 당시 몸담고 있던 일본종합연구소의 월간지《Japan Research Review》9월호에 '스마트 시니어가 이끄는 21세기 시니어 시장'이라는 제목의 논문을 발표해 근미래에 스마트 시니어의 증가를 예견하고 그것이 시장에 미칠 영향에 대한 통찰을 논했다.

여기에서 스마트 시니어란 '현명한 시니어'라는 뜻이다. 13년 전 나는 스마트 시니어를 '인터넷을 자유자재로 활용해 정보를 수집하고, 적극적인 소비행동을 취하는 선진 시니어'로 정의했다.

그리고 이제 각종 IT기기가 보급되면서 시장의 정보화는 점점 더 빠르게 진행되고 있다. 그와 더불어 시장 투명성이 증가해 상품 판매자는 눈속임을 할 수가 없어졌다. 인터넷으로 보면 거의 모든 재화가 어디에서 얼마에 팔리는지 파악할 수 있다.

시장은 이전의 '판매자 시장'에서 '구매자 시장'으로 변화하고 있다. 정보로 무장한 스마트 시니어가 증가하면서 시니어 시장도 점차 '구매자 시장'으로 변한다. 그렇게 되면 종래의 판매자 논리는 더 이상 통하지 않게 된다.

:: 구경꾼은 많지만 팔리지 않는 유료 실버타운

일본에서 과거 10년간 가장 극적으로 변한 시장 가운데 하나가 바로 유료 실버타운이다.

일본의 유료 실버타운 시장은 2000년 4월 요양보험제도 도입을 경계로 크게 변했다. 제도 도입 전에는 극히 한정된 부유층을 상대로 하는 고급 서비스만 존재했다. 하지만 제도가 도입되자 수많은 기업들이 신규 시장에 줄줄이 뛰어들었다.

후생노동성의 '2010년 사회복지시설 조사'에 따르면 2000년 350개에 불과했던 유료 실버타운 수는 2010년에 4144개로 열두 배가량 급증했다. 2012년 8월 현재 7115개 시설이 각 지역에 설립허가를 신청한 상황이다.

공급이 늘면서 고액이었던 입주금 시세도 떨어졌다. 특히 2008년 리먼 사태 때문에 퍼진 금융위기를 계기로 대폭적인 가격파괴가 진행되었다. 가격파괴의 직접적 이유는 공급과잉에 따른 판매경쟁의 격화 및 경기침체로 고령자가 재화의 구매를 자제했기 때문이다. 하지만 보다 근본적인 이유는 앞서 말한 '스마트 시니어'가 증가했기 때문이다.

예전에 어느 고급 실버타운 운영회사가 점심식사를 제공하는 무료 설명회를 아사히신문과 일본경제신문에 전면광고로 신자 정원 600명의 두 배에 이르는 1200명이 순식간에 모였다. 설명회가 끝나고 설문조사를 하자 참가자 600명 가운데 50명 정도가 '반드시 이곳에 살고 싶다'는 의향을 나타냈고 실제로 많은 수가 입주했다. 당시 그 실버타운의 입주금은 평균 5000만 엔 정도였다.

그랬던 것이 2006년을 경계로 상황이 바뀌었다. 신문에 전면광고를 내면 잠재 고객이 모이고 설명회를 찾아온다. 하지만 전과 달리 무료 설명회에 참가해도 그 자리에서 입주 신청서를 내는 사람은 격감했다. 고액의 신문광고를 내고 고급 호텔을 통째로 빌려 호화로운 무료 설명회를 열면 많은 사람들이 모이고 참가자가 금방 입주를 신청했던 과거의 '상식'은 이미 옛날 일이 되었다.

그 이유는 무엇일까?

이제는 사람들이 이러한 설명회에 참석할 때 사전에 인터넷으로 최대한 정보를 찾아보고, 다른 시설을 수없이 견학하고, 주변 사람들의 입소문 정보를 수집한 후에 찾아오기 때문이다. 30~40건 이상의 시설을 사전에 견학하고 시설 안내서를 모으는 사람도 상당수다. 개중에는 체험 입주를 할 때 디지털카메라를 지참해, 운영 체제가 가장 약해지는 새벽 1시에 긴급신고 버튼을 눌러 직원의 대응상황을 사진으로 찍어서 철저한 사전검증을 하는 사람까지 나타났다. 이러한 변화가 스마트 시니어의 증가를 보여주는 구체적인 사례이다.

:: '판매자 시장'에서 '구매자 시장'으로

이렇듯 상품을 진득하게 맛보고 충동구매는 하지 않는 스마트 시니어가 증가한 탓에 유료 실버타운 시장은 항상 공급과잉 상태이다. 이것이 유료 실버타운 시장에서 가격파괴 현상이 나타난 근본적인 이유다.

최근에는 도쿄·요코하마 인근에서도 입주금이 1200만 엔을 넘으면 비싸다는 소리를 듣는다. 이제 도쿄 외 지역에서는 더 저렴해야만 팔린다. 최근에는 아예 입주금이 없는 곳까지 생겨나고 있다. 3장에서 말했듯 유료 실버타운은 초창기에 '자산·소득 소비형' 상품이었지만 최근 눈에 띄는 저가격대의 상품은 서서히 '소득 소비형' 상품으로 변화하고 있다.

이와 같이 스마트 시니어가 증가하면 시장은 '판매자 시장'에서 '구매자 시장'으로 바뀐다. 그렇게 되면 종래의 판매자 논리와 상식은 통하지 않는다. 유료 실버타운 시장은 종래의 상식이 뒤집힌 시장의 전형적인 사례다. 2000년 요양보험 도입 전과 도입 직후에도 크게 변했지만, 그 후에도 극적인 변화는 계속되고 있다. 몇 년 전의 상식은 몇 년만 지나도 통하지 않는다. 그런 사례를 흔히 찾아볼 수 있는 시장이다.

이런 상식의 전복은 제조업 중심의 시장에서도 많이 보인다. 이미 과거처럼 대량으로 생산해 대량으로 유통하면 팔리는 시대가 아니다. 바로 몇 년 전까지 세계 정상을 달렸던 일본의 대형 텔레비전 산업은 이미 빈사상태다. 극적인 가격파괴 현상으로 몇 년 전까지만 해도 대량생산을 염두에 두고 가동시켰던 대규모 공장도 바로 몇 년 후에는 처분 대상이 되는 것이 현실이다.

상품 판매자는 항상 구매자를 주시해야만 한다. 지금은 구매자의 사소한 변화까지 감지해 그다음에 찾아올 커다란 변화에 앞장서서 유연하게 적응해야 할 시대다. 시니어 시장도 예외가 아니다.

∷ 스마트폰과 태블릿PC로 무장한 시니어들

스마트 시니어는 앞으로 스마트폰과 태블릿 PC로 더욱 '스마트'하게 성장할 것이다.

ICT 리서치&컨설팅에 따르면 향후 컴퓨터의 출하 대수는 현상 유지, 일반 휴대전화^{피처폰}의 출하 대수는 점차 감소할 것이다. 이에 비해 스마트폰이나 태블릿은 점점 증가할 것으로 보인다^{표 4-2}.

컴퓨터, 스마트폰, 스마트태블릿에 관한 덴쓰의 '이용실태조사'에 따르면 2012년 5월 보급률은 각각 컴퓨터가 91퍼센트, 스마트폰 29퍼센트, 스마트태블릿 7퍼센트이다. 참고로 이 조사의 대상은 15세부터 59세까지 남녀로, 60세 이상 고령자는 제외되어 있다. 하지만 현시점에서 50대 응답자는 10년 후인 2022년 60대가 된다. 이 점을 고

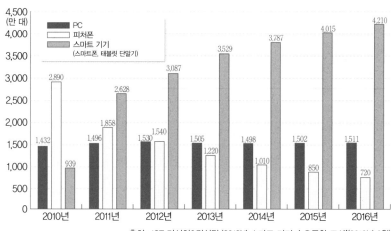

표 4-2 스마트 기기, 관련 단말기의 일본 국내 출하수 예측

출처 : ICT 리서치&컨설팅 '2012년 스마트 기기 수요동향 조사'(2012년 6월)

려하면 조사결과는 근미래 '새로운 시니어층'의 소비동향을 예측할 때 중요한 시사점을 보여준다.

이 조사에 따르면 스마트폰 소유자는 컴퓨터 소유자보다 많다. 이에 비해 태블릿 소유자는 컴퓨터와 스마트폰을 함께 가지고 있는 경우가 많았다. 여기서 이끌어낼 수 있는 결론은 먼저 컴퓨터를 사고, 스마트폰을 구입한 다음에야 태블릿을 사는 경우가 일반적이라는 사실이다.

스마트폰이나 태블릿의 용도는 앱과 인터넷이 가장 많았다. 하지만 온라인 쇼핑 이용도 나름대로 크다는 점에 주의해야 한다. 게다

스마트한 시니어를 납득시켜라

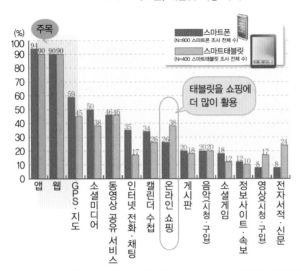

표 4-3 스마트폰, 태블릿 이용 목적

출처 : 덴쓰 '스마트 3형제(PC · 스마트폰 · 스마트태블릿) 이용실태조사'(2012년 5월)

가 태블릿 이용자가 쇼핑을 더 많이 이용하는 경향을 보인다표 4-3.
구입 상품으로는 책이나 만화책, 잡지가 가장 많았고 양복, 잡화,
CD/DVD, 화장품, 식품 순이었다. 여기에서도 스마트폰보다 태블릿
이용도가 높은 것을 알 수 있다.

　흥미로운 점은 쇼핑에 쓰는 금액의 차이다. 스마트폰의 경우 기본
요금이나 데이터 요금을 제외한 서비스 이용료가 한 달 6600엔인
데 그중 5070엔이 온라인 쇼핑이다표 4-4. 이에 비해 태블릿은 서비
스 이용료가 한 달 1만 1780엔이고 그중 7980엔이 온라인 쇼핑이다

표 4-4 스마트폰으로 매달 이용하는 금액은?

기본요금이나
통화·데이터 요금

¥7,430 + **¥6,600**

(N=800:스마트폰 조사 전체수)

스마트폰
지불 요금

온라인 쇼핑 이용자 (N=210)	5,070엔
전자서적 이용자 (N=34)	580엔
음악·프로모션 영상 이용자 (N=98)	420엔
소셜게임 이용자 (N=145)	220엔
동영상 이용자 (N=117)	170엔
앱 이용자 (N=730)	140엔

온라인 쇼핑이 압도적
으로 많다

(스마트폰 조사 각 서비스 이용자)

출처 : 덴쓰 '스마트 3형제(PC·스마트폰·스마트태블릿) 이용실태조사'(2012년 5월)

표 4-5 태블릿으로 매달 이용하는 금액은?

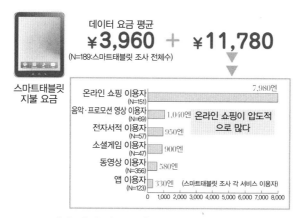

데이터 요금 평균

¥3,960 + **¥11,780**

(N=189:스마트태블릿 조사 전체수)

스마트태블릿
지불 요금

온라인 쇼핑 이용자 (N=151)	7,980엔
음악·프로모션 영상 이용자 (N=69)	1,040엔
전자서적 이용자 (N=57)	950엔
소셜게임 이용자 (N=47)	900엔
동영상 이용자 (N=356)	580엔
앱 이용자 (N=123)	330엔

온라인 쇼핑이 압도적
으로 많다

(스마트태블릿 조사 각 서비스 이용자)

출처 : 덴쓰 '스마트 3형제(PC·스마트폰·스마트태블릿) 이용실태조사'(2012년 5월)

표 4-5. 태블릿 이용자가 스마트폰 이용자보다 쇼핑에 약 3000엔 정도 더 많이 사용한다는 사실을 알 수 있다.

:: 태블릿으로는 '충동구매'가 쉽다

이런 차이는 왜 생기는 것일까? 태블릿이 스마트폰보다 화면이 커서 아름답게 보이므로 소위 '충동구매'가 쉽게 이루어지기 때문이라고 본다. 실제 가게에 가기 전에는 살 생각이 전혀 없었는데 가게 앞에서 상품을 보고 좋아 보여 구입하는 경우가 종종 있다. 태블릿이란 간편한 조작과 아름다운 화면으로 상품의 매력을 스마트폰보다 생생하게 표현하기 용이하다. 그 점이 온라인 쇼핑 세상에서도 충동구매를 유인하는 것이다.

앞서 말한 조사 결과에는 또 한 가지 흥미로운 점이 있다. 태블릿 이용자는 가장 재미있는 기기도, 가장 뛰어난 기기도 태블릿이라고 생각한다. 또한 기기 만족도가 스마트폰보다 높다. 즉 한번 태블릿을 이용해본 사람은 태블릿을 가장 좋아하게 되는 경우가 많은 것이다.

아직 많은 수는 아니지만 시니어 대상 태블릿 이용 강좌를 열면 그 간편한 조작과 아름다운 화면을 통해 편리한 세상을 체감한 시니어가 강좌가 끝난 후 태블릿을 구입하는 사례가 많다. 시니어는 일단 편리성을 체감하고 납득한 후에 구입하는 경우가 많기 때문이다.

현시점에서는 아직 가격이 조금 높아 일부 괴짜나 사용한다는 이미지가 강하지만 태블릿의 가격은 2년 내에 1만~2만 엔 정도로 떨어질 것이다. 통신요금만 낮아지면 틀림없이 시니어 이용자도 증가할 것이다.

앞서 시니어의 인터넷 이용률이 높아지는 것은 시간문제라고 했다. 이를 고려해 시간축을 조금 앞당겨보면 가까운 미래의 60세 이상 시니어도 현재의 60세 미만 응답자와 비슷한 소비경향을 보일 가능성이 다분하다. 게다가 젊은 사람보다 신체 기능이 떨어지고 건강 상태가 악화되기 쉬우므로 오히려 이용 빈도는 높아질 것이다. 그런 의미에서 몇 년 후에는 시니어에게도 인터넷이 현재의 점포 중심 소매 채널에 필적할 판매 채널이 될 가능성은 충분하다.

그러므로 상품 제공자는 시니어 소비자가 이러한 스마트폰이나 태블릿을 사용해 쇼핑할 경우 자사 온라인 쇼핑몰의 이용 편의성에 세심한 주의를 기울일 필요가 있다.

:: **알짜 시장은 스마트폰에서 태블릿PC로**

1장에서 말했듯이 2012년 8월, 시니어를 대상으로 한 스마트폰 '라쿠라쿠 스마트폰'이 출시되었다. 하지만 나는 시니어에게는 스마트폰보다 태블릿이 더 유용하다고 생각한다. 그 이유는 종래의 IT기기가 가지고 있는 복잡한 조작의 문제를 다음과 같이 해소했기 때문이다.

① 휴대전화나 스마트폰보다 화면이 크다. 글자가 커서 읽기 쉽고, 문자 입력도 간단하다.
② 컴퓨터보다 조작이 간단하다. 손끝으로 건드리기만 해도 대부분의 조작이 가능하며 키보드로 입력할 필요가 없다.
③ 전원을 켠 뒤의 기동이 컴퓨터보다 훨씬 빠르다. 사용하고 싶을 때 기다리지 않고 바로 이용할 수 있다.
④ 일반적으로 노트북보다 얇고 가벼워 휴대가 간편하다.
⑤ 구입 가격도 일반적으로 노트북보다 저렴하다. 향후 스마트폰보다 값이 떨어질 가능성도 크다.

이런 장점 때문에 가까운 미래에 현재의 컴퓨터로 가능한 일들이 태블릿으로도 가능해진다면 기존의 컴퓨터 이용자 중 다수가 태블릿 이용자가 될 것이다. 한편 이러한 이점 때문에 지금까지 그다지 컴퓨터와 인연이 없었던 사람이나 컴퓨터 이용을 망설였던 사람도 태블릿 이용자가 될 가능성이 커진다. 특히 휴대전화는 사용하지만 컴퓨터는 사용하지 않는 여성이나, IT기기 사용과 거리가 멀었던 시니어가 그 대상이 된다.

특히 시니어에게 ①은 큰 매력이다. '라쿠라쿠 스마트폰'은 화면

속의 버튼을 보기 편하고 간단한 메뉴로 구성하는 등 세심한 배려가 보인다. 하지만 일반 사이트에 접속해 글자를 입력해야 할 때는 이미 '라쿠라쿠 스마트폰'의 제어 범위를 벗어나게 된다. 이 경우 입력란이 작아서 보기 어렵기 때문에 노안인 경우 조작이 힘들어진다. 스마트폰에서는 두 손가락으로 입력란을 키울 수 있지만 확대를 해도 화면 자체가 작으면 결국 글자를 입력하기가 성가시다. 이런 단점을 고려할 때 스마트폰보다 화면이 큰 태블릿이 시니어에게 유리해진다.

또한 ②와 ③은 원래 애플의 아이패드가 개척한 기능으로, 태블릿이 성공적으로 보급된 요인이기도 하다. 실제로 이용해보지 않으면 실감하기 어렵지만 종래의 번거롭고 불편한 컴퓨터 조작의 문제점을 해결한 것이다.

또한 퇴직 후 주 수입원을 연금에 의지하는 사람들에게는 ⑤도 중요한 이점이다. 지금도 태블릿 가격은 5만 엔을 밑돌고 있어 일반 노트북보다 싸다. 더욱이 구글이 2012년 7월 중순 판매 개시한 'Google Nexus 7'은 7인치 액정으로 화면 사이즈는 다소 작지만 8GB 최저가격이 199달러 _{일본 엔으로 약 1만 6000엔}로 저렴하다. 애플의 아이패드 외에는 구글이 개발한 OS인 안드로이드를 탑재하고 있으므로 조작법을 개선해야 할 필요가 있지만 가격 면에서 구입 장벽은 향후 더욱 낮아질 것이다.

여담이지만 미국에서는 현시점2012년 8월에 이미 노트북보다 태블릿의 출하 대수가 더 많다. 미국에서 나타난 IT 동향의 대부분이 얼마 후 일본에서도 일어난다는 것이 지금까지의 통례다.

:: IT 까막눈이 가진 '세 가지 벽'을 없애라

IT기기를 이용하지 않는 사람들에게는 소위 '세 가지 벽'이 있다. 향후 태블릿 보급을 위해서는 이 장벽을 반드시 해결해야 한다.

> 첫 번째 벽 : 태블릿이라는 기기의 존재를 모른다.
> 두 번째 벽 : 사용해보고 싶지만 비용 부담이 커서 사용할 수 없다.
> 세 번째 벽 : 사용할 필요성을 못 느낀다. 필요가 없다.

첫 번째 벽을 뛰어넘으려면 태블릿을 알리기 위한 획기적인 홍보가 필요하다. 일반적으로 시니어는 신문 정보에 대한 신뢰도가 높으므로 신문광고에 의한 제품 홍보에 주력함과 동시에 기사 형태로 태블릿의 유용성을 전달하는 방법도 효과적이다. 참고로 내 주변 지인 중 60대 후반 퇴직자 한 분은 최근 딸에게 선물 받은 아이패드를 사용하기 시작했다. 자녀나 손자의 권유는 시니어가 IT기기를 이용하도록 유도하는 강력한 계기가 된다.

두 번째 벽을 뛰어넘으려면 앞서 말했듯이 초기 비용이 낮아지고 있으므로 한 달 비용도 그리 큰 부담이 되지 않는다는 사실을 더욱 강조해야 한다. 지금 당장이라도 자택에서 이용하는 비율이 높다면 Wi-Fi 환경만 갖추어지면 휴대전화망의 3G 회선이나 LTE 회선을 이용할 필요가 없으므로 한 달 비용을 3000엔 대로 낮출 수 있다.

:: 시니어가 반할 만한 스마트 기능을 개발하라

세 번째 벽을 해결하려면 사용 욕구를 자극하는 '킬러 서비스' 개발이 필요하다. 그중에서 흥미로운 것은 오사카의 심부름 서비스 회사가 시작한 '심부름 클럽'이라는 온라인 슈퍼마켓 사업이다. 심부름 클럽은 보증금 5000엔을 받고 애플의 아이패드를 무료로 빌려주는 서비스다. 자택에 무선랜 환경이 필요하지만, 없는 사람에게는 월 150엔으로 중계기도 빌려준다.

이 시스템의 매력은 뭐라 해도 아이패드를 무료로 빌려준다는 점이다. 현재의 태블릿 붐은 애플의 아이패드 덕이라고 해도 과언이 아니다. 화면이 커서 보기 편하며, 아름답고, 손가락으로 화면을 터치하기만 하면 이용할 수 있는 아이패드는 IT를 어렵게 생각하는 시니어도 접근하기 쉬운 기기이다.

다만 무료로 빌려주는 데에는 이유가 있다. 서비스 업체가 지정한 온라인 슈퍼마켓('산킨'이라는 식료품 슈퍼)에서 월 1만 엔 이상 장을 봐야 한다. 월 1만 엔 이상 구입이라는 조건은 2인 이상 세대의 한 달 식비로는 그리 큰 금액이 아니다. 하지만 혼자 사는 사람에게는 다소 거부감이 들지도 모른다. 또한 이 서비스를 이용하려면 전용 앱을 써야 한다. 이 시스템을 통해 이용자는 특가상품 등 우대 구입 기회를 얻게 된다.

한편으로 이는 이용자의 개인정보를 점포 측에서 관리할 수 있다는 뜻이다. 점포 측에서 보면 '고객관리' 시스템이지만, 이것을 싫어하는 이용자도 적지 않을 것이다. 또한 이용할 수 있는 슈퍼가 '산킨'뿐이라는 제약도 있다. 이 슈퍼가 제공하는 상품의 가격이나 품질, 종류에 만족하지 못할 경우 이용 의욕이 떨어질 수도 있다.

이렇게 몇 가지 단점이 있기는 하지만 보행이 불편하거나 다른 이유로 쇼핑이 어려운 시니어에게는 반드시 필요한 편리한 서비스가 될 것이다. 다음 장에서 말하겠지만 이러한 시니어의 '3불^{不}, 즉 불안, 불만, 불편'을 해소할 서비스 개발이 태블릿 보급의 확대를 뒷받침해줄 것이다.

4 장

스마트한 시니어를 납득시켜라

1 / 과거 10년 사이 인터넷 이용률이 가장 크게 증가한 연령층은 50대 이상이다. 10년만 더 지나면 70대 이상 연령층의 이용률은 더욱 높아질 것이다. 시니어의 인터넷 이용률 증가는 시간문제.

2 / 인터넷을 자유자재로 활용해 정보를 수집하고, 적극적인 소비행동을 취하는 선진 시니어인 '스마트 시니어'의 증가로 시니어 시장도 '판매자 시장'에서 '구매자 시장'으로 변하고 있다.

3 / 구매자 시장에서는 종래의 판매자 중심의 논리와 상식이 통하지 않는다. 대량으로 생산해 대량으로 유통하면 팔리는 시대는 이미 지났다.

4 / 스마트 시니어가 향후 더욱 '스마트'하게 성장할 징조가 보인다. 그 계기는 스마트폰과 태블릿이다.

5 / 젊은 사람보다 신체 기능이 쇠약하다는 점, 건강상태가 악화되기 쉽다는 점에서 가까운 미래에 시니어에게도 인터넷이 현재의 점포 중심 소매 채널에 필적할 판매 채널이 될 가능성이 충분하다.

3불不, 시장을
창출하는 키워드

:: 시니어 비즈니스의 기본은 '3불不'의 해소

시니어의 '3대 불안'을 아는가? 첫 번째가 건강 불안, 두 번째가 경제 불안, 세 번째가 고독 불안이다. 세 번째는 삶의 불안이라 할 수도 있다. 어떤 조사에서든 이 세 가지 불안이 반드시 상위를 차지한다. 이는 일본뿐만 아니라 유럽이나 다른 아시아 국가들에서도 마찬가지다. 어느 정도 생활수준이 비슷하면 인간이 나이를 먹으면서 필요로 하는 요소도 비슷해진다.

표 5-1은 정부가 2009년에 실시한 고령자의 생활불안요소 조사 결과로, '본인 또는 배우자의 건강과 질병', '본인 또는 배우자가 식물인간이나 불수가 되거나 요양이 필요한 상태가 되는 경우'가 상위를 차지하고 있다. 요양이나 보조가 필요한 경우의 1위는 뇌혈관성

질환, 소위 말하는 뇌졸중이다. 뇌졸중에는 뇌경색, 뇌출혈, 지주막하출혈의 세 가지가 있다. 고령자에게는 압도적으로 뇌경색 질환이 많다. 그리고 요양이 필요한 원인 중 두 번째가 바로 인지장애. 고령으로 인한 쇠약을 빼면 다음으로 많은 것이 관절 질환과 골절, 낙상과 같은 소위 운동기관 장애라 불리는 요인들이다. 즉 뇌 또는 운동기관에 문제가 생기면 요양이 필요해진다. 반대로 이 두 가지를 건강하게 유지할 수 있다면 요양이 필요한 상태를 어느 정도는 방지할 수 있다는 뜻이다.

그렇다면 어째서 시니어층에는 골절 낙상 환자가 많을까? 사실 우리의 육체는 30대가 지나면 평범하게 생활하더라도 근육량이 줄어든다. 60대가 되면 60퍼센트, 70대가 되면 50퍼센트로 감소한다는 데이터도 있다. 게다가 하반신의 근육이 더 빨리 빠진다. 남성보다 여성의 근육 손실이 더 현저하다. 여성은 나이가 들면 다리가 가늘어진다. 다리가 가늘어지면 몸매가 사니까 좋다고 생각할 수도 있지만 그것은 큰 오해다. 고령 여성에게 가장 많은 사고가 낙상 골절이기 때문이다. 한편 남성의 경우 뇌경색이 많다. 따라서 이들 불안요소를 방지해야 하는데, 대부분의 사람들은 자신의 육체가 얼마나 변했는지를 모른다.

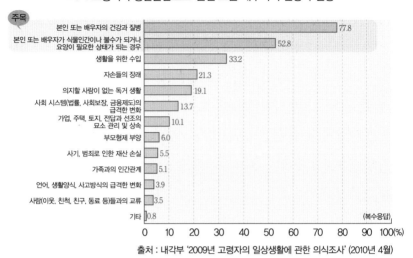

표 5-1 고령기의 생활불안요소 '본인 또는 배우자의 건강과 질병'

주목	
본인 또는 배우자의 건강과 질병	77.8
본인 또는 배우자가 식물인간이나 불수가 되거나 요양이 필요한 상태가 되는 경우	52.8
생활을 위한 수입	33.2
자손들의 장래	21.3
의지할 사람이 없는 독거 생활	19.1
사회 시스템(법률, 사회보장, 금융제도)의 급격한 변화	13.7
가업, 주택, 토지, 전답과 선조의 묘소 관리 및 상속	10.1
부모형제 부양	6.0
사기, 범죄로 인한 재산 손실	5.5
가족과의 인간관계	5.1
언어, 생활양식, 사고방식의 급격한 변화	3.9
사람(이웃, 친척, 친구, 동료 등)들과의 교류	3.5
기타	0.8

(복수응답)

0 10 20 30 40 50 60 70 80 90 100(%)

출처 : 내각부 '2009년 고령자의 일상생활에 관한 의식조사' (2010년 4월)

:: 중장년 여성의 3불을 해소한 커브스의 성공

이러한 불안의 해소를 비즈니스로 전환해 대성공한 사례를 소개하고자 한다. 커브스 Curves라는 체인형 여성전용 피트니스 클럽으로, 전세계 400만 명이 넘는 사람들이 이 체인점에 다닌다. 이용객의 평균 연령은 50대. 커브스는 내가 2003년 일본에 처음으로 소개한 회사였다. 2005년 7월에 커브스 저팬이 도쿄의 도고시 공원에 1호점을 연 이래로 2012년 10월 현재 점포 수 1200개, 회원 수는 50만 명을 넘었다.

사실 세상에서 피트니스 클럽에 다니는 사람은 100명 중 3명밖에 안 된다. 나 역시 지금까지 피트니스 클럽에 다니다가 그만두기를 몇 번이나 반복했다. 가장 큰 이유는 투자 시간에 비해 효과가 적고, 운동이 단조롭고 지루해서 지속할 동기가 떨어지기 때문이다. 예를 들어 어느 피트니스 클럽에나 반드시 롤러 워킹이나 러닝머신이 있다. 30분이나 40분 동안 아무 대화도 없이 묵묵히 걷거나 뛴다. 옆에서 그 광경을 보면 마치 인간부화 공장 같다. 40분 내내 빨리 걸으면 소비 칼로리는 160칼로리 정도. 그 후 온욕 시설을 이용하고 헬스장 밖으로 나오면 눈앞에 캔맥주 자판기가 있다. 충동적으로 사서 마시면 350밀리리터짜리 캔맥주가 150칼로리. 40분 동안 소비한 에너지가 겨우 1분 만에 보충되고 만다. '내가 지금 대체 무슨 짓을 하는 거지?'라는 자기혐오에 빠지고 헬스장에 계속 다닐 의욕이 사라진다. 마음이 후련해진다는 점에서는 좋지만 체중감량이라는 면에서는 고통에 비해 효과가 잘 나지 않아 금세 좌절하게 된다.

:: **여성의 마음을 사로잡은 Three No M**

반면 커브스는 근력운동과 유산소운동을 번갈아 하면서 30분 안에 운동을 끝낼 수 있다는 점이 큰 강점이다. 30분이라 바쁜 사람도 다니기 쉽다. 게다가 여성이 지속적으로 피트니스 클럽을 이용할 수 있는 'Three No M'이라는 특징이 있다. 먼저 'No Men', 남자가 없다. 남성이 만져서 땀이 묻어 있는 운동기기가 싫다거나 남성이 보는 앞에서 운동하기 싫다는 요청에 부응한 것이다. 다음으로 'No Makeup', 화장할 필요가 없다. 여성들만 있으므로 화장하지 않은 맨얼굴로 가도 된다. 이것으로 시간을 상당히 절약할 수 있다. 그리고 'No Mirror', 거울이 없다. 사실 운동하는 자기 모습을 거울로 보기 싫다는 사람이 많다.

그 외에도 꾸준히 운동할 수 있는 환경을 여러 가지 고안해냈다. 주택가 근처에 점포가 있어 다니기 편하고, 운동하러 다니는 사람들끼리 편안하게 친구가 될 수 있는 커뮤니티도 형성되어 있다. 2011년 대지진 이후 전국의 커브스 점포를 기점으로 회원들이 기부나 후원물품을 모아 지진 피해자를 지원하기도 했다.

:: 불필요한 지출을 없애라

한편 시설 면에서는 운동에 불필요한 요소를 전부 배제해 비용절감을 위해 애쓰고 있다. 가령 일반적인 피트니스 클럽에 반드시 있는 온욕 시설이 없다. 샤워 시설조차 없다. 내가 당초 커브스를 일본에 전파하기 시작했을 때, 많은 사람들이 재미있어 보이긴 하지만 일본은 습도도 높고, 일본 여성들은 청결함을 좋아하니 샤워 시설은 필요하지 않겠냐고들 했다. 하지만 결론은 '불필요한 요소'였다. 30분 안에 끝나기 때문에 살짝 땀을 흘리는 정도라 샤워 시설이 없어도 아무도 불평하지 않는다. 오히려 수도 시설이 필요 없어 적은 투자로 사업을 시작할 수 있다. 수도 시설이 있으면 위생 관리가 필요하고 보수비용도 커진다. 종래의 커다란 헬스장에는 훌륭한 수영장과 온욕 시설이 있지만 덕분에 막대한 투자비용이 필요하고 위생 관리 및 보수에도 돈이 든다. 커브스는 그 반대의 개념이다.

그리고 식사 공간도 없다. 사실 이것은 상당히 중요한 요소다. 식사 공간이 있으면 여성은 한데 모여 음식을 먹으면서 수다를 떨기 때문이다. 그렇게 되면 '파벌'이 생긴다. 항상 뭉쳐 다니다 보면 다른 사람들에게 거부감을 주고, 그 때문에 새로운 사람들은 다니기 꺼끄러워진다. 그런 파벌을 만들지 못하게 일부러 식사 공간을 두지 않는 것이다. 참고로 커뮤니티를 비즈니스에 이용하는 '커뮤니티 비즈니스' 사업에는 전부 똑같은 맹점이 있다. 그러므로 이를 회피할 작전이 필요하다.

커브스는 기존 피트니스 클럽에 대한 여성의 '불만'을 철저하게 파괴했다. 그렇게 하여 '여성이 다니기 편한 피트니스'라는 새로운 시장이 생긴 것이다. 건강을 위한 서비스라는 의미에서는 일반 피트니스 클럽과 똑같지만, 완성된 시장은 종래의 시장과는 확연히 다르다. 커브스의 경우 이용자의 90퍼센트가 일반 피트니스 클럽에 가본 적이 없는 사람들이기 때문이다.

:: 도시 거주 시니어가 식생활에서 느끼는 3불

여기에서 다른 사례로 도심에 거주하는 시니어 세대가 식생활에서 느끼는 '3불不'이 무엇인지 살펴보자. 일본정책금융공고의 '소비자 동향조사2012년 7월'에 따르면 '식사에서 가장 중요한 점은 무엇입니까?'라는 질문에 60대, 70대는 '건강에 좋은 식사'의 우선순위가 가장 높았다. 이에 비해 20대~40대는 경제성, 즉 '저렴한 가격'의 우선순위가 높았다.

다음으로 시니어 세대에게 불만 사항을 묻자 가장 많은 대답이 '근처에 마트가 없다', 다음으로 '쌀처럼 무거운 식료품을 나르기가 힘들다', 세 번째가 '혼자 쇼핑하러 가기 힘들다'였다. 이것이 시니어가 식생활에서 느끼는 불편함이다.

지금 수도권에서는 소매업의 시니어 시프트가 빠른 속도로 진행되고 있다. 소매업 회사 이온이 운영하는 '마이 바스켓'은 매장 규모는 편의점 수준이지만 판매하는 품목은 마트처럼 신선품이 주력 상품이다. 즉 마트의 기능을 편의점 규모로 실현한 것이다.

한편 '로손 스토어100'은 편의점 기능에 마트의 성격을 추가하여 상품목록을 다각화했다. 그래서 편의점인데 채소와 고기 같은 신선품이 풍부하다. '100'은 100엔을 뜻한다. 샌드위치를 일반 편의점에서 사면 230엔 안팎이지만 이곳에서 사면 100엔이다. 어째서 그렇게 저렴할까? 샌드위치가 한 조각만 들어 있기 때문이다. 가격을

100엔으로 맞추려고 양을 줄인 것이다.

도심에 사는 시니어가 식생활에 바라는 것은 무엇일까?

첫 번째 조건은 신선품은 가격보다 신선할 것. 신선하지 않으면 구입하지 않는다. 두 번째로 소량 구매가 가능할 것. 가족 구성의 변화를 보면 50대 때 자식과 동거하는 비율이 78.5퍼센트인 데 비해 60대가 되면 46퍼센트로 줄어든다. 즉 절반 이상의 세대가 자식과 따로 산다. 그 경우 판매되는 식료품 한 팩의 양이 많으면 다 먹을 수가 없어 구입을 망설인다. 4개들이 계란 팩도 증가했다. 최근에는 옛날 채소가게처럼 계란을 낱개로 살 수 있는 슈퍼도 생겼다. 두 홉 분량의 소량 포장 쌀처럼 기존에 찾아볼 수 없었던 상품도 등장했다.

세 번째로 집 주변에 가게가 있어야 할 것. 네 번째로 무거운 상품은 배달해줄 것. 다섯 번째로 쇼핑 도우미 서비스. 이것도 최근에 조금씩 증가하는 추세다. 여섯 번째로 남성의 경우 간단히 조리해 먹을 수 있는 식료품을 갖출 것. 나이가 든 후, 특히 혼자 사는 남성이 가장 귀찮아하는 일이 바로 식사 준비다.

아직 이들 여섯 가지 조건을 전부 갖춘 가게는 없다. 다들 뭔가가 부족하다. 하지만 머지않은 미래에 모든 조건을 완비한 가게가 표준이 될 것이다.

:: 신체기능 저하에 따른 3불 해결법

이제 곧 단카이 세대가 60대 중반을 맞이한다. 이러한 '단카이 시니어' 중에는 아직은 건강하다고 자부하는 사람들이 많다. 하지만 60대가 되면 40~50대 때보다 체력과 기력이 현저히 감퇴한다. 그런 한편 '노인 취급은 받기 싫다'고 생각하는 사람도 여전히 많다. 시니어층에게 인기 있고 쇼핑하기 편리한 점포를 내고 싶다면 이러한 몸과 마음의 변화를 충분히 고려한 매장을 꾸며야 한다.

① 노안 대책

노안은 단어 자체의 느낌 때문에 노인에게 나타나는 증세라고 생각하지만 실제로는 40대부터 시작되는 사람이 늘고 있다. 젊은 사람은 상상하기 어렵겠지만 작은 글씨를 읽기 힘들고, 증상이 심해지면 글자를 읽는 것 자체가 고통스러워진다. 하지만 노안이라 해도 일상생활에서 항상 돋보기를 쓰는 사람은 의외로 적기 때문에 그런 사람들이 갑자기 쇼핑을 하게 될 때 돋보기를 깜빡 잊는 경우가 흔하다. 그럴 때 점포의 광고나 상품 설명서의 글자가 작다면 판매 기회를 놓치게 될 것이다.

이러한 기회 손실을 막으려면 먼저 팸플릿이나 광고판은 알아보기 쉽게 검은색으로 큼직하게 써야 한다. 형광색은 눈부시게 보이므로 윤곽선 외에는 사용하지 않는 편이 좋다. 또한 시니어는 보통 젊은

100
그레이마켓이 온다

사람보다 평균신장이 작으므로 광고판이나 상품은 눈높이보다 낮은 위치에 놓아야 보기 편하다. 그리고 돋보기를 잊은 사람들을 위해 가게 입구에서 돋보기를 무료로 빌려주거나, 할인점처럼 저렴한 돋보기 판매 코너를 두어도 좋을 것이다.

매일 배달되는 신문과 함께 들어오는 전단지에도 새로운 아이디어가 필요하다. 상품정보를 빠뜨리지 않고 담으려다 보니 으레 글자가 작아지기 마련이지만 오히려 글자를 읽기 힘들어 그냥 지나치기 마련이다. 어필하고 싶은 몇 가지 항목만 추려내 커다란 글자로 인상 깊게 전해야 한다.

② 하반신 약화에 대한 대책

시니어를 대상으로 하는 매장을 고려할 때 중요한 점은 하반신 약화에 대한 대책이다. 앞서 말했듯 우리 신체는 일상적인 생활만으로는 나이가 들수록 근육량이 감소한다. 보행기능 면에서 특히 중요한 근육이 대요근大腰筋이다. 이것은 상반신과 하반신을 연결해주는 근육으로 척추와 골반을 지탱하고 허벅지를 드는 작용을 하는 근육이다. 우리는 평소에 걸을 때 무의식적으로 발꿈치가 땅에 먼저 닿는다. 하지만 대요근이 약해지면 발꿈치가 아니라 발가락을 먼저 땅에 대고 걷게 된다. 그렇게 되면 높낮이 차이나 돌멩이, 홈이 있는 곳에서 발이 걸려 넘어지기 쉽다.

따라서 바닥의 높낮이 차를 줄이고, 요철을 없애고, 점포 안의 동선을 최대한 효과적으로 배치하는 등 설계에 신경을 쓸 필요가 있다. 게이오 백화점에서는 1층에서 2층으로 올라가는 에스컬레이터의 속도를 일반적인 평균 속도보다 늦추었다. 고령자가 에스컬레이터를 탈 때 넘어지기 쉽다는 점을 고려한 것이다.

또한 의자 배치도 중요하다. 다리와 허리가 약한 고령자는 장거리 이동이 힘들기 때문에 단위시간당 보행거리가 짧다. 매장 곳곳에 의자를 설치하면 적절히 휴식을 취해가며 쇼핑을 즐길 수 있다. 그 결과, 점포 체류 시간이 길어지고 쇼핑 기회 증가로 이어진다.

사실 이런 의자에 앉아 쉬는 시간은 상품을 효율적으로 광고할 기회이기도 하다. 어느 백화점에서는 의자에 앉아 있는 고객에게 양해를 구하고 판매 상품인 구두약 무료체험 서비스를 실시하고 있다. 깨끗해진 구두를 보고 기뻐진 고객이 그 구두약을 구입하는 광경도 종종 볼 수 있다.

의자에 앉았을 때 보이는 풍경에 착안하면 판매 기회는 더욱 증가한다. 한숨 돌리고 저 상품을 보러 가야지, 저걸 한번 살펴봐야지, 하는 '상품의 광경'이 자연히 눈에 들어오도록 꾸미는 것이 중요하다. 백화점 지하 매장이라면 갓 구운 빵 냄새가 풍기는 곳에 의자를 놓아 후각을 자극하는 방법도 효과적이다.

③ 화장실 대책

고령자는 화장실에 자주 간다. 방광과 요도 등 하부 요로기관에 질환이나 이상이 있는 경우와, 요로기관에 질환이나 이상은 없지만 심리적인 이유로 화장실을 자주 찾는 경우가 있다. 후자의 경우 70~80대 고령자 중 30퍼센트 이상이 보이는 증세다.

때문에 매장 내 화장실 위치가 중요하다. 쇼핑을 하다가 화장실에 가고 싶을 때 찾기 힘든 곳에 화장실이 있거나 사용하기 어려우면 점포에 대한 인상이 나빠진다. 예를 들어 고령자들은 손을 가까이 대면 물이 내려가는 타입이나 자동으로 덮개가 열리는 화장실을 오히려 거북해한다. 자동화는 과하지 않은 것이 좋다. 또한 커다란 글씨로 설명서를 붙여놓는 배려가 친절한 인상을 준다.

④ 청력 저하 대책

매장을 꾸밀 때, 나이가 들면 청력도 약해지므로 배경음악 선곡이나 볼륨에도 주의해야 한다. 난청을 앓고 있어도 상대와 얼굴을 마주보고 이야기하면 입술 움직임이 보여 이야기가 잘 통한다. 그런 고객과 원활히 대화하기 위해 매장 직원은 고객을 똑바로 마주하고 명료한 발음으로 이해하기 쉽게 대응하도록 주의해야 한다.

⑤ 인지기능 저하 대책

특별히 의식해서 단련하지 않는 한 나이를 먹으면 일반적으로 기억력과 같은 인지기능은 떨어진다. 가령 요구르트를 팔려고 할 때 혈당치를 조절해주고 장 건강을 유지해주는 등 제품에 다양한 효과가 있어도 그런 효능을 너무 주절주절 나열하면 오히려 인상이 약해져 핵심이 전달되지 않는다. 그러므로 예를 들어 '뼈가 튼튼해진다'는 식으로, 고령자라면 누구나 걱정하는 '건강'에 좋은 사항을 직접 호소하는 문구를 덧붙이는 편이 보다 효과적이다. 진열대에 내놓은 상품의 장점은 가급적 한 상품에 한 가지만 부각하는 것이 좋다.

젊은 사람들은 시니어의 신체 변화를 상상하기 어렵다. 따라서 신체기능 저하가 쇼핑에 주는 영향을 배워 매장과 서비스에 반영하는 것이 중요하다.

:: 구태의연한 3불이 많은 시장에 주목하라

새로운 상품과 서비스 시장이 하나 생기면 그 상품과 서비스에 만족하지 않는 고객이 반드시 나타난다. 이는 다양한 가치관을 가진 시니어가 한정된 상품과 서비스로는 채워지지 않는 다양한 요구를 가지고 있기 때문이다.

기존 시장이 언뜻 포화상태로 보여도 분명 '불안, 불만, 불편'을 가지고 있는 사람은 의외로 많다. 따라서 이러한 사람들의 3불이 무엇인지 구체적인 내용을 찾아내고, 그러한 3불을 해소할 상품과 서비스를 제공하면 새로운 사업이 성립된다. 향후 유망한 시니어 시장은 바로 '이용자 측은 계속 변화하는데 여전히 구태의연한 3불이 많은 시장'이다.

보청기가 좋은 예다. 사실 보청기는 최근 종류가 많이 늘었다. 예전에 비하면 가격도 상당히 떨어졌다. 하지만 남들 눈에 잘 보이지 않는, 귓속에 넣는 타입의 보청기는 여전히 비싸다. 그리고 종종 불필요한 잡음까지 잡아내는 바람에 소리를 듣기 힘들고, 오래 착용하면 귀울림이나 두통이 생긴다. 섬세한 사람의 몸속에 기계를 사용하려니 문제가 생기는 것이다. 일본의 단카이 세대에 해당하는 미국의 베이비부머에게 앞으로 보청기가 잘 팔릴 것이라는 전망도 나오고 있다. 볼륨을 높여 로큰롤을 계속 들어온 세대라 난청 예비군이 많기 때문이다.

:: 전혀 스마트하지 않은 스마트폰

스마트폰도 똑같은 경우다. 현재 스마트폰의 실태는 전혀 스마트하지 않다. 시니어가 아닌 일반 이용자도 사용하기 어려운 기능이 많다. 문자 입력도 어렵고, 이용 가치가 떨어지는 기능만 잔뜩 들어 있어 과거 휴대전화가 걸어온 길을 그대로 답습하고 있다. 앞서 말했듯 2012년 8월 마침내 후지쓰가 종래의 '라쿠라쿠 폰'에 이어 '라쿠라쿠 스마트폰'이라는 이름으로 시니어를 위한 스마트폰을 시장에 내놓았다. 글자 확대 기능, 버튼 입력 실수를 줄이는 기능, 클리어 보이스 기능 등 '라쿠라쿠 폰'에서 쌓은 노하우를 스마트폰에도 탑재했다.

하지만 현재의 안드로이드 탑재 스마트폰의 최대 결점은 배터리 소모가 빠르다는 것이다. 이는 부가가치가 낮은, 쓸모없는 기능을 여럿 탑재하고 있기 때문이다. 이러한 문제는 실제로 사용해보지 않으면 실감할 수 없다 보니 구입 후 시니어 이용자의 불평의 근원이 된다.

더욱이 대형 텔레비전이나 하드디스크 레코더와 같은 디지털 가전도 비슷한 문제를 안고 있다. 이들은 최근 대폭적인 가격파괴를 경험했다. 전자기기 메이커는 고생스럽겠지만 당연히 수많은 3불이 존재하므로 아직 개선의 여지가 있다. 여전히 사용설명서는 알아보기 어렵고, 리모컨은 쓰기 불편하다. 초기 설정도 번거롭다. 나도 얼마 전 휴대전화 기기를 변경했기 때문에 초기 설정을 해야만 했는데, 조작이 어려워 혼자 할 수 없었다. 결국 콜센터에 전화해 30분이나 통화하면서 겨우 설정을 마칠 수 있었다.

이런 문제는 언뜻 보기엔 미미해서 시장에서는 규모가 너무 작게 느껴질지도 모른다. 하지만 약 1억 2000만 명의 일본 국민 대다수가 텔레비전을 보고, 휴대전화를 사용한다. 그렇게 생각하면 시장 규모가 제법 크다는 사실을 깨닫게 될 것이다.

:: 비즈니스 기회는 머릿속에 있다

지금은 대부분의 편의점과 슈퍼에서 판매관리 시스템인 POS Point of Sales를 도입하고 있다. POS의 이점은 상품의 판매상황을 리얼타임으로 알 수 있다는 점이다. 특히 매장 면적이 한정된 편의점에서는 POS 데이터에 기초해 인기 상품만 선반에 진열하는 방식으로 관리한다. 반대로 팔리지 않는 상품은 줄줄이 선반에서 빠진다. 그 결과, 팔리지 않는 상품이 왜 팔리지 않는지 상세히 분석할 기회가 사라진다. 하지만 사실 그 팔리지 않는 상품에 바로 다음 비즈니스 기회가 숨어 있는 경우가 많다.

포화된 것은 시장이 아니라 오히려 우리 머릿속일 때가 많다. 우리의 견해와 사고방식이 현상에 익숙해져 시장이 포화되었다고 인식하는 것이다. 그렇게 되면 비즈니스 기회는 보이지 않는다. 따라서 포화 시장이 있다면 먼저 그 주변을 자세히 관찰해야 한다. 그 옆에 반드시 새로운 시장의 싹이 있다. 그곳에는 반드시 아직 해소되지 않은 3불, 즉 고객의 '불안' '불만' '불편'이 있다. 그 요소를 찾아내는 것이 시장 창출의 첫걸음이다.

바꾸어 말하면 비즈니스 기회란 바깥에 있는 것 같지만 사실 우리 머릿속에 있다는 뜻이다. 의식을 바꾸면 비즈니스 기회가 눈에 보인다.

시니어 비즈니스의 기본은 이 3불의 발견이다.

무엇이 고객을 불안하고 불편하게 만들어 불만을 갖게 되는지를 파악하고 그것을 치밀하게 해결해가는 것. 평범하게 들릴지도 모르지만 이것이 지난 14년 동안 시니어 비즈니스에 임해온 나의 정직한 생각이다.

5장
3불不, 시장을 창출하는 키워드

1 / 시니어 비즈니스의 기본은 '불안, 불만, 불편'의 해소다.

2 / 7년 사이 점포 수 1200개, 회원 수 50만 명으로 성장한 여성 전용 피트니스 클럽 커브스는 여성이 기존 피트니스 클럽에 품고 있던 불만을 철저하게 해소한 상품이다.

3 / 향후 유망한 시니어 시장은 바로 '이용자 측은 계속 변화하는데 여전히 구태의연한 3불이 많은 시장'이다. 그러한 3불은 가까운 곳에 아주 많다.

4 / 포화된 것은 시장이 아니라 오히려 우리 머릿속이다. 우리의 견해와 사고방식이 현상에 익숙해져 시장이 포화되었다고 인식하는 것이다. 그렇게 되면 비즈니스 기회는 보이지 않는다.

5 / 포화 시장이 있다면 먼저 그 주변을 자세히 관찰해야 한다. 그곳에는 반드시 아직 해소되지 않은 고객의 불안, 불만, 불편이 있고, 그것이 새로운 시장의 싹이 된다.

6

시간 소비의 핵심을
이해하라

:: 실패하기 쉬운 '가치 소비' 비즈니스

재화 소비란 소비재 등의 '상품 소비'를 말한다. 이에 반해 가치 소비란 재화 소비 이외의 목적에 의한 '시간 소비'를 뜻한다. 소비자 입장에서는 소비할 시간이 자신에게 어떠한 가치가 있는지가 중요한 문제로 작용한다.

이때 상품과 서비스 제공자에게 중요한 점은 소비자의 '가치 소비' 기회를 '재화 소비'로 연결하는 것이다. 이것이 불가능하면 가치 소비 기회는 단순한 비용 요인이 되고 사업은 지속되지 않는다. 시니어 대상 가치 소비 비즈니스에는 이런 패턴이 대단히 많으므로 주의해야 한다.

시간 소비에는 '붙박이형'과 돌아다니며 즐기는 '회유형回遊型' 두

가지 타입이 있다. 2003년, 나는 일본에 최초로 미국 시카고의 '마더 카페 플러스'를 소개했다. 이곳은 붙박이형 시간 소비의 전형적인 사례다. 사업 콘셉트는 퇴직자를 대상으로 한 '제3의 장소'. 고령자라는 자각이 없는 시니어를 대상으로 시니어센터를 대신하는 새로운 보금자리를 제공한 것이 인기의 비결이다.

:: '시니어 보금자리' 이미지가 강한 카페의 맹점

퇴직자를 대상으로 한 '제3의 장소'가 가지는 필요조건 중 하나는 자꾸 이용하게 되는 편리한 핵심 서비스가 있어야 한다는 점이다. 마더 카페 플러스의 경우 음식을 먹을 수 있는 카페라는 요소가 그것이다.

그렇다면 어째서 카페에 착안했을까?

그것은 먹는다는 행위가 사람과 사람을 연결하는 가장 좋은 매개체이기 때문이다. 처음 보는 사람들이 불쑥 옆에 앉아봤자 대화는 통하지 않는다. 하지만 한 테이블에서 차를 마시고, 식사를 하다 보면 대화도 잘 풀린다.

이렇게 큰 인기를 끌고 있는 콘셉트를 가진 마더 카페 플러스지만 사실 카페 운영 자체로는 거의 수익을 내지 못한다. 지역공헌이라는 대의명분 때문에 음식 가격을 낮게 책정했기 때문이다. 적자를 낼 수는 없으니 카페 이외에 문화교실이나 여행사, 소품 판매 등으로 그럭저럭 수익을 내고 있지만 큰 금액은 아니다.

:: 개방형 라운지는 전형적인 실패 사례

지금까지 많은 일본 기업이 마더 카페 플러스를 본떠 '○○카페'나 'XX살롱'을 세웠지만 줄줄이 실패했다. 그 이유 중 하나는 카페를 개방형 라운지로 만들었기 때문이다. 개방형 라운지의 단점은 공간만 차지하고 수익원이 적다는 점이다.

원래 개방형 라운지에는 사람들이 모이기 어렵다. 사람은 주위에 울타리가 없는 곳에는 오래 있기 싫어한다. 전철 좌석도 맨 끝자리부터 차례로 차고, 가운데 자리는 가장 마지막에 찬다. 이와 마찬가지다.

참고로 시니어나 주부에게 인기가 많은 고메다 커피는 내부 인테리어가 산장처럼 아늑하고, 각 자리가 박스석으로 확실하게 구분되어 모임을 갖기 쉽다는 장점을 가지고 있다. 그리고 벽이 전부 나무 재질이라 목소리가 적당히 울려 북적거리는 느낌이 난다는 것도 중요하다. 아이를 데려갔을 때 조금 시끄럽게 떠들어도 신경 쓸 필요가 없기 때문에 주부들은 수다에 전념할 수 있다. 카페처럼 사람들이 모이는 장소는 숲처럼 숨을 곳이 많은 디자인이 좋다.

개방형 라운지로 이야기를 돌리면, 이러한 라운지에서는 동네 아주머니들이 네댓 명 모여서 뜨개질을 하며 수다 떠는 광경을 흔히 볼 수 있다. 이용자로서는 공짜나 다름없는 비용으로 집이 아닌 다른 곳에서 비슷한 사람들과 교류할 수 있으므로 유익하고 즐겁다. 하지만 카페 운영자 입장에서 보면 돈이 남지 않는 장사다. 그렇지만 임대료와 광열비는 들고, 종업원도 필요하니 인건비도 든다.

이렇게 '시니어의 시간 소비의 장＝카페 라운지'라는 스테레오타입에 얽매이면 실패하기 쉽다. 나는 지금까지 이러한 실패 사례를 수없이 보아왔다. 시니어를 위한 카페는 대부분의 고객이 오래 '버티고 있을 뿐'인 경우가 많다. 즉 고객이 시간 소비를 하고 있지만 수익은 나지 않는 비즈니스 모델인 것이다.

:: 시간 소비로 구매 의욕을 부추겨라

따라서 카페 사업에서 이익을 내려면 시간 소비라는 행위가 상품과 서비스의 구매 의욕을 부추겨야 한다. 애초에 시간 소비의 장이 꼭 카페일 필요는 없다.

더 자세히 설명하자면 마더 카페 플러스의 운영 회사인 마더 라이프 웨이즈의 핵심 사업은 실버타운, 생활케어 센터, 방문 간호 도우미 사업이다. 즉 마더 카페 플러스는 잠재 고객을 모으는 기능도 맡

113
시간 소비의 핵심을 이해하라

고 있다. 그러므로 원래 카페 사업에서 큰 수익을 낼 필요는 없었다.

이러한 실태를 모른 채(가령 카페 사업에서 이익을 내지 못해도 경영을 지속할 수 있는 시스템 없이) 안일한 수지 계획으로 사업을 시작하면, 개업 후에 바로 벽에 부딪힐 것이다. 시니어 대상 가치 소비의 장이 '카페 라운지'라는 환상은 버려야 한다.

:: 시간 소비가 재화 소비로 이어지기 쉬운 '회유형'

'회유형'은 붙박이형보다 시간 소비가 재화 소비로 쉽게 연결된다. 이는 여러 장소를 돌아다니다가 뭔가를 함으로써 시간과 재화를 소비하는 타입이다. 이런 회유형을 사로잡을 공간에는 '폐쇄형'과 '개방형'이 있다. 폐쇄형은 일단 점포 안에 들어가면 밖으로 나가기 어려운 구조를 말한다. 예를 들면 슈퍼 센토^{목욕탕}, 도쿄 디즈니랜드, 하우스텐보스, 국립신미술관 등이 이에 속한다. 커다란 미술관은 전부 '폐쇄형'이다.

당신이 슈퍼 센토에 가면 무엇을 하겠는가? 일단 목욕을 할 것이다. 목욕을 하면 목이 마르니 맥주 같은 알코올음료를 마신다. 그렇게 되면 안주가 생각나고, 안주를 먹으면 술을 더 마시게 된다. 배가 부르면 휴게실에서 쉬거나 마사지를 받거나 시설 내 이발소에 가기도 한다. 전부 끝나면 또 목욕하는 사람도 있다. 시간이 많으면 이 과정을 하루에 두 번 반복하는 사람도 있다.

　슈퍼 센토의 수입원으로는 우선 입장료를 들 수 있다. 거기에 비누나 수건 등 부대 물품, 입욕 후에 구입하는 식음료, 마사지, 암반욕이나 가압 마사지, 이발소 등, 1인 3시간 기준으로 볼 때 각 단가는 3000~4000엔 내외다. 호프가 함께 있는 경우 6000~7000엔은 거뜬히 넘는다. 일반 점포는 입장료가 700엔 내외지만 도쿄 건강랜드처럼 규모가 큰 곳은 1800엔 정도 된다. 더욱이 식당이 함께 있으므로 1회 객단가는 4000~5000엔이 된다. 시니어 중에는 매일 오는 사람도 제법 많아 일주일에 네 번 방문한다고 치면 한 주에 1만 6000~2만 엔은 쓰고 간다는 뜻이다.

:: 시간 소비 비즈니스의 핵심은 연쇄반응과 신진대사

　나는 이런 비즈니스 모델을 '연결 연쇄형'이라고 부른다. 하나의 소비를 하면 그것이 다음 소비를 부른다. 이것을 연결하면 연쇄적으로 소비가 발생하고 시간 소비가 재화 소비로 직결된다. 물론 수도 설비가 필요하므로 그만한 설비 투자와 관리가 필요하지만 가동률이 일정 수준으로 올라가면 슈퍼 센토 같은 시설은 실로 효율적인 시간 소비 비즈니스다.

　또 한 가지 중요한 점은 이러한 시간 소비 과정에서 인체의 신진대사가 활발히 이루어지는 프로세스가 포함되어 있기 때문에 연결 연쇄가 쉽게 이루어진다는 사실이다. 우리의 몸은 땀을 흘리고 에너지를 소비하면 물이나 음료수를 보충하려 한다. 아무런 강요도 자극도 없이 돈이 나오는 모델이다. 이렇게 시간 소비 비즈니스의 핵심은 연결 연쇄와 신진대사에 있다.

이것을 더욱 탐구하면 도쿄돔에 있는 '라쿠아 LaQua' 같은 사업이 된다. 라쿠아는 입장료가 2565엔으로 일반적인 슈퍼 센토 입장료의 세 배가 넘는다. 또한 '힐링 바데'라는 저온 사우나를 사용할 경우 별도 요금을 내야 한다. 주말, 공휴일, 특정일과 심야에는 할증요금까지 내야 한다. 심야에는 커플이 많아 상당히 붐빈다. 매표소가 있는 5층에 라운지, 카페, 식당이 있고 입욕 후에 식사를 할 수 있다. 6층에 욕실, 에스테틱 살롱이 있고 7층에 피트니스, 8~9층에 힐링 바데가 있다. 이들 휴양 공간이 바로 라쿠아의 핵심 아이템이다.

:: 라쿠아는 회유형 시간 소비 비즈니스의 이상형

라쿠아가 탁월한 이유는 입장료를 내고 시설에 들어가면 전용 가운으로 갈아입어야 한다는 점이다. 옷을 한 번 갈아입으면 모처럼 왔다는 생각에 바로 돌아가지는 않는다. 또한 IC칩이 든 손목밴드를 주는데, 이것은 전자화폐와 마찬가지로 원터치로 간단히 지불을 할 수 있다. 이 시스템 덕에 고객들은 주문을 자주 하게 된다. 지갑을 열지 않아도 이미 열려 있는 지갑을 가지고 있는 셈이니 실로 탁월한 장사 수완이라 할 수 있다. 덧붙여서 라쿠아의 객단가는 최저 6000엔이다.

시니어를 대상으로 하는 시간 소비 비즈니스의 핵심은 이러한 연결 연쇄형 비즈니스 모델을 적용하는 것이다. 즉 '하나의 소비 행동이 다음 소비 행동의 의욕을 불러일으키는 상품·서비스 체계'를 만드는 것이 중요하다. 이러한 소비 의욕이 '연쇄적'으로 일어나는 구조라면 방문객들은 자꾸 소비를 하게 되고 머무는 시간이 길어질수록 객단가는 올라간다.

이는 슈퍼 센토뿐만 아니라 일반적으로도 적용되는 논리다. 개개의 입주 시설들이 따로 영업활동을 하는 게 아니라 하나의 시설 안에서 쇼핑을 하면 그 옆 시설에서도 쇼핑을 하고 싶어지는 '연결 연쇄형' 비즈니스 모델을 만드는 것이 중요하다.

6 장
시간 소비의 핵심을 이해하라

1 / 상품·서비스 제공자에게 중요한 것은 소비자의 '가치 소비'를 '재화 소비'로 연결하는 것이다. 이것이 불가능하면 가치 소비는 단순한 비용 요인이 되고 사업은 지속되지 않는다.

2 / 시니어 대상 카페 사업에서 이익을 내려면 시간 소비라는 행위가 상품과 서비스의 구매 의욕을 부추겨야 한다.

3 / '회유형'은 '붙박이형'보다 시간 소비가 재화 소비로 쉽게 연결된다. 이는 여러 장소를 돌아다니다가 뭔가를 함으로써 시간을 소비하는 타입이다.

4 / 시니어 대상 시간 소비 비즈니스의 핵심은 이러한 연결 연쇄형 비즈니스 모델을 적용하는 것이다.

5 / 시간 소비 프로세스 속에 인체의 활발한 '신진대사' 과정을 포함시키면 연결 연쇄가 용이해진다.

뇌를 깨우는 소비전략

:: 지적 신진대사 모델의 시간 소비

시간에 여유가 생기면 배움에 의욕을 보이는 시니어도 많다. 내가 소속된 도호쿠대학 가령加齡의학연구소 스마트에이징 국제공동연구센터에서 시작한 '스마트에이징 칼리지'는 100명의 수강생 가운데 60세 이상 시니어가 절반을 넘는다. 공모 결과 350명이 넘는 지원자가 신청했다.

민간기업이 운영하는 문화센터에도 시니어 수강생이 많다. 배운다는 행위는 가장 지적이고 즐거운 시간 소비이기 때문이다. 이러한 '지적 시간 소비'를 재화 소비로 연결할 수 있다면 가치 소비에서 재화 소비로 자연스러운 흐름이 생긴다. 이를 노리고 문화센터와 재화 소비를 연결하려는 움직임이 증가하는 추세다. 하지만 이것 역시 안

일하게 뛰어들면 판매자의 예상과는 반대로 기회 손실이 많은 비즈니스 모델로 빠지고 만다.

도쿄 시부야의 도큐분카무라는 고전적인 가치 소비의 복합공간이다. 오처드홀, 시어터 코쿤, 르 시네마, 더 뮤지엄, 두마고 파리, 레스토랑&샵 등 가치 소비 기회가 도처에 널려 있다. 도큐분카무라의 콘셉트는 '다양한 문화를 통해 미래를 창조하는 복합문화시설'이다. 시간 소비의 형태는 회유형-개방형이며, 앞서 말한 라쿠아와 달리 중간에 외부 출입이 가능하다.

슈퍼 센토가 '신체'의 신진대사를 자극하는 사업이라면 도큐분카무라는 '두뇌'의 신진대사를 노린 '지적 신진대사 모델'이다. 즉 지적 자극으로 감동을 주거나 마음을 고양시키는 시간 소비 모델인 것이다.

:: 연결 연쇄형에 이르지 못한 도큐분카무라

그런데 도큐분카무라를 자세히 살펴보면 사실은 연결 연쇄형이 아니다. 콘서트홀, 극장, 미술관, 영화관, 전시장, 카페, 레스토랑, 기념품점 등 수입원은 다양하지만 하나의 시간 소비만 살펴봐도 다음 행위로 이어질 연결고리가 없는 구조다. 가령 오처드홀이 있는데 홀 관내에는 CD나 음악 관련 매장이 없다. 미국 뉴욕의 카네기홀이나 시카고 심포니홀에는 관내에 기념품점이 있어 관광객은 그곳에서 상당한 쇼핑을 한다. 오처드홀에는 이러한 기념품점이 없다는 점이 무척 아쉽다. 또 영화관은 있는데 분카무라에는 영화 관련 DVD나 CD 매장이 없다. 미술관도 마찬가지. 미국의 메트로폴리탄 미술관에 가면 당연히 그곳에 전시되어 있는 미술품의 그림엽서나 관련 기념품이 산더미처럼 쌓여 있다. 그런데 도큐분카무라의 더 뮤지엄에는 그런 아이템이 적다.

:: 오리지널을 추구하는 시니어를 위해 '진짜'를 제공하라

더욱이 도큐분카무라가 풀어야 할 과제는 어중간한 연출이다. 예를 들어 르 시네마라는 영화관, 두마고 파리라는 유명한 카페가 있다. 하지만 프랑스 문화의 분위기를 물씬 풍기는 가게 이름이나 업종 선택에 비해 그 인테리어가 너무 어중간하다.

도큐분카무라에 있는 두마고는 의자나 테이블은 분명 본고장 프랑스에서 가져왔지만 그게 전부다. 파리에 있는 두마고는 사르트르나 보부아르 등 유명한 문인이 즐겨 찾았던 곳으로 화려하면서도 차분한 독특한 분위기가 있다. 도큐분카무라의 두마고 홈페이지에는 '계절의 분위기를 느끼면서 세련된 파리의 카페 스타일을 즐길 수 있는 테라스'라고 적혀 있지만 이는 양두구육이다. 점원의 분위기도 당연히 본고장과 전혀 다르다. 파리의 카페처럼 세련된 어른의 매너는 전혀 없다. 때문에 시부야의 이 가게는 인기가 없다.

이러한 문화적 향기를 찾아오는 시니어들은 오리지널을 좋아하므로 어중간한 연출에는 엄격하다. '진짜'를 제공하지 않으면 사람들은 모이지 않는다. 그렇다면 도쿄에는 진짜 프랑스 스타일의 카페가 없을까?

사실은 존재한다. 기오이초의 호텔 뉴오타니 몰에 있는 '오 바카날AUX BACCHANALES'은 제법 프랑스 같은 느낌이 난다. 눈앞에는 기오이초 공원이 있어 경치도 좋고, 봄이 되면 벚꽃이 피어 일등석이 된다. 오 바카날은 긴자점 등 일본 전국에 6개 점포가 있는데 기오이초 매장이 가장 프랑스다운 분위기를 맛볼 수 있다. 이름만 유명한 두마고보다는 진정한 프랑스의 분위기를 맛볼 수 있는 가게가 시니어의 지적 시간 소비에는 더 적합하다.

:: '심리적 도화선 설계'가 중요하다

지적 신진대사 모델이 돌아가려면 우선 공연, 연주회, 미술감상 등 지적 시간 소비 기회를 받아줄 재화 소비(카페, 레스토랑, 기념품점)의 장을 마련하는 것이 최소 조건이다. 거기에 지적 신진대사의 '심리적 도화선'을 확실하게 설계하는 것도 중요하다.

그레이마켓이 온다

〈미드나잇 인 파리〉라는 영화가 있다. 우디 앨런이 감독과 각본을 맡아 유럽에서 폭발적인 인기를 끈 영화로 일본에서는 2012년 봄에 개봉되었다. 1920년대 파리를 무대로 피카소와 달리 등 왕년의 저명한 예술가와 작가가 시간을 초월해 등장하는 영화였다. 시공을 초월해 현대와 1920년대를 표현하는 다양한 장면이 있어 파리의 예술을 좋아하는 사람이라면 푹 반할 영화다.

영화 속에서 주인공 오웬 윌슨과 레이첼 맥아담스가 석양 속에서 포옹하는 하이라이트 장면이 있는데, 이 장면의 배경이 바로 모네의 〈수련〉에 나오는 풍경이다. 가령 도큐분카무라의 르 시네마에서 이런 영화를 본 후에 옆의 더 뮤지엄에 들어갔을 때 모네의 그림을 볼 수 있고, 관련 상품도 있으며, 그 옆 카페에 들어가 영화나 그림 이야기를 안주 삼아 맛있는 식사나 와인을 즐길 수 있다면 어떨까? 이렇게 고객이 지속적으로 심리적 카타르시스를 느낄 수 있도록 도화선을 설계해놓는다면, 고객은 그런 장소를 안락하게 느끼고 무의식중에 체류 시간이 길어져 자연스레 기꺼이 돈을 쓰게 될 것이다.

이렇듯 영화나 연주회가 끝난 뒤에는 어디에 들러 한 잔 마시면서 영화나 음악의 여운을 즐기고 싶어지는 법이다. 하지만 이런 인간 심리를 고려해 재화 소비로 연결한 사례는 안타깝게도 많지 않다. 물론 이런 수준의 시간 소비의 장을 만들기 위해서는 상당히 공을 들여야 한다.

뇌를 깨우는 소비전략

아쉽게도 도큐분카무라에는 애초에 이러한 설계 구상도, 연결 연쇄형 모델도 없었다는 것이 뻔히 보인다. 또 이케부쿠로에 있는 도쿄예술극장은 도쿄라는 자치단체가 운영하고 있기 때문인지 관내의 식당 설비가 너무 빈약해 고객들은 연주회가 끝나면 결국 극장을 빠져나와 어디론가 간다. 이는 모처럼 찾아온 비즈니스 기회를 잃는 꼴인데, 공무원은 자기 급여와 상관없으므로 그런 문제는 신경 쓰지 않는 것이다.

:: 경험 가치가 최대화되는 장소를 만들어라

지적 신진대사 모델의 또 하나의 포인트는 '경험 가치'가 최대화되는 장소를 꾸미는 것이다. 익스피리언스 이코노미, 즉 경험경제라는 개념이 있다. 이는 고객에게 경험이나 체험이 경제 가치가 된다는 주장이다. 익스피리언스 이코노미에서는 원자재, 제품, 서비스, 경험 순으로 가치가 올라간다. 예를 들어 커피의 가격은 고객이 어떤 체험을 할 수 있는가에 따라 달라진다. 어디에나 있는 커피 원두를 소매로 팔면 이는 상품이 되지만 한 잔 가격은 1엔밖에 되지 않는다. 그것을 포장해 팔면 한 잔에 10엔이 된다. 그것을 커피로 만들어 팔면 한 잔에 300엔이 된다. 다시 이것을 호텔 라운지에서 제공하면 1000엔이 되는 구조이다.

즉 재료인 커피의 값은 똑같지만 호텔 뉴오타니 라운지에서 마시면 1000엔이라는 가격이 붙는다. 그리고 주문하는 쪽도 1000엔이라는 지불 가치를 허용한다. 즉 가치를 인정하는 것이다. 이것이 경험 경제의 개념이다.

여기에 착안한 것이 스타벅스다. 원래 원두 판매가 주였지만 스탠딩 카페를 시작했고, 다음으로 '제3의 장소' 콘셉트를 파악해 지금의 스타일로 바꾸었다. 그 후 스타벅스는 매장에서 커피를 마시는 것 말고도 다른 일을 할 수 있다는 가치를 덧붙였다. 무선랜 서비스는 스타벅스가 처음 시작했다. 또한 음악 CD를 복사할 수 있는 서비스도 일시적으로 제공한 바 있다.

이렇듯 그 장소의 경험 가치를 높이면 커피 값이 조금 비싸도 고객은 수용하게 된다. 그러므로 스타벅스는 어떤 경험 가치가 고객의 만족도를 높일지 계속 연구한다. 지적 신진대사형 시간 소비 비즈니스에도 이와 같은 개념을 적용할 수 있다.

:: 가치 소비형 재화 소비 가게

지금까지는 시니어의 가치 소비(시간 소비)를 재화 소비로 연결하기 위한 비즈니스 모델의 핵심에 대한 이야기를 했다. 다음은 '가치 소비형 재화 소비 가게'의 조건을 정리하고자 한다. 가치 소비형 재화 소비 가게란 재화 소비 가게에 회유형 시간 소비 요소가 들어간 것이다. 즉 단순히 가게에 가서 필요한 물건을 사고 끝나는 게 아니라 그 자리에서 회유하면서 구경하다 보면 살 마음이 생겨 무심코 재화를 사게 되는 점포를 말한다.

뉴욕과 코네티컷 주에 '슈퍼마켓 디즈니랜드'라고 불리는 곳이 있다. 스튜 레오나드 Stew Leonard's라는 슈퍼 같지 않은 이름을 가진 이 가게의 인기 요소는 엄선한 양질의 식료품과 즐겁게 쇼핑할 수 있는 각종 아이디어다.

우선 오리지널 브랜드 상품이 많다. 이 가게는 원래 목장에서 시작한 곳으로 자사가 보유한 목장에서 만든 우유와 버터, 소고기를 직판한다. 가게 안에 우유를 포장하는 미니 공장이 있고 유리 너머로 공정을 구경할 수 있다. 이런 식으로 제품의 '라이브쇼'를 가게 곳곳에서 볼 수 있다. 또한 가게 안에서는 빵과 머핀, 베이글 등을 그 자리에서 구워 판매한다.

다음으로 현명한 상품 진열을 들 수 있다. 먼저 과일, 베이커리, 채소, 고기, 음료, 생선, 치즈와 햄, 유제품, 마지막으로 닭고기나 중화요리를 포장 판매해주는 곳을 지나 계산대에 도착한다. 보통 슈퍼처럼 사각 진열이 아니라 마치 미로처럼 요리조리 돌아가는 구조다. 또한 가족 쇼핑객이 많아서인지 아이들이 좋아하는 캐릭터 인형이 상점 내 도처에 보인다.

식료품 판매를 중심으로 하는 슈퍼는 기본적으로 '생활에 필요하기 때문에 가는 곳'이다. 하지만 스튜 레오나드는 '가면 살 마음이 드는 곳'이다. 색이 선명한 상품을 입체적인 진열과 캐릭터를 통해 보여주는 수법은 단순한 슈퍼라기보다 놀이공원에 가깝다.

스튜 레오나드의 점포 수는 미국 전역에 겨우 4곳밖에 안 되지만 1평방피트당 매출은 3470달러로 미국 평균 500달러의 약 일곱 배에 달한다. 세계 최고의 면적 효율로 기네스북에도 등재되었다. 그런데 취급 품목을 보면 일반 쇼핑몰이 3만 종인 데 비해 스튜 레오나드는 2000종으로 상당히 적다. 하지만 상품 종류가 적다고 고객이 불평하는 일은 거의 없다고 한다. 고객에게 불필요한 상품을 잔뜩 늘어놓는 것보다 질 높은 상품을 엄선해 편안한 구매 체험을 연출하는 것이 경험 가치를 훨씬 높일 수 있다. 스튜 레오나드는 이 점을 실증하는 곳이다.

:: '경험 가치'를 높이는 것은 소프트웨어

재화가 부족해 가난했던 시절의 고객들은 제품 종류가 많을수록 기뻐했다. 백화점은 이름 그대로 '백 가지 재화'가 인기 요소였다. 하지만 재화가 넘쳐나는 시대에는 단순히 종류가 많다는 것만으로는 차별화를 이룰 수 없다. 대부분의 재화는 백화점이 아닌 가게에서도 얼마든지 살 수 있기 때문이다. 수많은 백화점이 최근 몇 년 사이 고전하는 근본적인 이유가 여기에 있다. 스튜 레오나드의 접근 해법은 이러한 경합에서 한 걸음 앞서기 위한 차별화 전략이다.

'고객 제일주의'라는 기치를 내건 기업은 일본에도 많지만 그런 문구를 금과옥조처럼 받드는 곳일수록 가게의 실태는 반대인 경우가 많다. 반대로 스튜 레오나드는 손님이 좋아하는 다양한 장치를 마련하면서도 원래 목장에서 시작했다는 이미지를 남겨둔다. 오히려 허름해 보일 정도로 건물이나 설비에 과다한 투자는 하지 않는다. 즉 고심해야 할 문제는 고객이 진정으로 원하는 경험 가치를 실현시키기 위한 '소프트웨어'라는 사실이다.

:: 타이거 코펜하겐의 비결

타이거 코펜하겐은 덴마크의 소매업에 혁명을 일으켜 전 세계 17개국에서 150점포를 운영하고 있는 생활용품 소매점이다. 2012년 7월에 일본 1호점이 오사카·신바이바시에 있는 아메리카무라에 문을 열었다. '안락한 점포, 놀라운 가격, 세련된 상품 제공'이 콘셉트이다. 여타 가게들의 상품 가격이 198엔이니 299엔이니 하는 식으로 계산이 복잡한 것과 달리 100엔, 200엔, 400엔, 500엔으로 깔끔하게 끝난다. 저렴한 가격으로 즐거운 쇼핑이 가능한 저가격 정책으로 고객을 놀라게 하는 데 중점을 둔 버라이어티 스토어임을 자랑하는 곳이다. 그렇지만 이곳의 강점은 뛰어난 서비스와 절로 구경하고 싶어지는 점포 설계로, 저렴한 가격만이 인기 요소는 아니다.

　가게를 살펴보면 역시 디스플레이의 컬러 사용이 인상적이다. 양초, 노트, 소품 케이스, 데커레이션 테이프와 상자, 털실, 선글라스 등 각각의 상품은 저렴한 일용품이지만 상품의 진열과 전시 방법에 따라 얼마든지 세련되게 보일 수 있다는 사실을 입증한다. 프랑프랑 Francfranc, 일본 기업 BALS가 경영하는 인테리어 잡화 전문점의 염가판 같다는 의견도 있지만 그것보다는 컬러 사용이 화려하고 선명하다. 이러한 컬러 사용은 유럽 스타일에 가깝다. 특히 덴마크, 스웨덴, 핀란드 같은 국가는 북쪽에 있어 겨울에는 해가 짧아 어둡고 춥기 때문에 이러한 밝은 색조를 즐긴다.

　타깃 고객은 젊은 층이지만 가게를 찾는 고객의 연령층은 폭이 넓고 성별 역시 큰 구분이 없다. 또한 이렇게 화려한 컬러를 보면 마음이 밝아져 기분도 젊어지기 때문에 시니어층에게도 인기가 높다. 1호점 책임자가 텔레비전 인터뷰를 통해 "옛날에 오사카에서 공부한 적이 있어 1호점은 오사카에 냈다"는 말로 단숨에 오사카 사람들의 마음을 사로잡았다. 매장 이름도 '타이거'다 보니 오사카 사람들은 괜히 더 애착을 느낀다 오사카를 포함한 간사이 지방의 프로야구단 '한신 타이거스'의 전신이 '오사카 타이거스'였다. 실례되는 발언이지만 일반적으로 오사카 사람들은 도쿄에 콤플렉스가 강해 도쿄보다 오사카가 먼저라는 사실을 대단히 좋아한다. 또한 워낙 화려한 것을 좋아하는 오사카 사람들의 취향에 맞는 컬러라는 점도 인기 요인이라 할 수 있다.

타이거 코펜하겐에서는 점포를 돌아다니면서 시간을 소비하다 보면 '이게 100엔이라고?', '이런 물건이 있었나?' 하는 감동을 느끼고 상품을 구매하게 된다. 매장 자체가 시간 소비의 장소라는 점에서 소매업에서는 이상적인 모델이다.

사실 개별 상품을 주의 깊게 살펴보면 품질이 떨어지는 제품도 있다. 하지만 전반적으로 저렴한 가격으로 세련된 제품을 샀다는 기분을 안겨준다. 이렇게 느끼는 것은 점포 인테리어가 주는 고급스러운 느낌 때문이다. 이 점은 앞에서 말한 스튜 레오나드와는 정반대의 발상이다.

이렇게 회유형 시간 소비 요소를 넣은 가게의 공통점은 디스플레이가 참신하고 밝은 색을 사용하며, 생동감 넘치는 분위기를 조성한다는 점이다. 스웨덴에서 시작된 가구 소매점 이케아IKEA가 대표적 사례인데 이런 점포는 생활에 맞는 가구 사용을 제안한다.

:: **시니어를 위한 가치 소비의 핵심을 제대로 파악하라**

회사원이었던 사람들은 65세가 넘으면 대부분 퇴직해 연금으로 생활한다. 회사가 아니라 집이 생활의 중심이 된다. 불가피하게 집에 있는 시간이 길어지고, 애완견을 돌보거나 정원을 가꾸며 아내와 함께 쇼핑을 하는 사람도 많다. 아내가 상대해주지 않으면 스스로 뭔가를 해야 하는데 그게 귀찮아 텔레비전만 보며 사는 사람도 상당수다. 그런 사람들을 집에서 끌어내 돈을 쓰게 만들려면 그 사람들에게 일종의 '화학반응'을 일으킬 필요가 있다.

도서관은 입장도 무료에 신문도 공짜로 읽을 수 있어 좋지만 신문만 읽어서는 아무런 화학반응도 일어나지 않는다. 본인은 그래도 좋을지 모르지만 도서관에서 신문만 보는 사람이 그곳을 기점으로 다른 행동을 하게 되는 경우는 좀처럼 없다. 그러므로 사람이 어떤 행동을 하게 만들기 위해서는 신진대사가 필요하다.

몸을 쓰면 땀을 흘리고, 에너지를 쓰면 목이 마르다. 그렇게 되면 소비 행동이 발생한다. 또 한 가지는 두뇌의 신진대사다. 무언가를 발견하고, 그전에는 몰랐던 사실을 깨닫고, 스스로에게 도움이 된다고 생각하면 더 깊이 알고 싶어 전문서적을 사고, 직접 확인해보고 싶어 현장에 나간다. 다음 단계의 소비 행동으로 이어지는 것이다. 예를 들어 자전거를 좋아하는 사람은 자전거 타는 법이나 자전거 경주 등에 정통하므로 그런 쪽으로 학습의 장이 있다면 더욱 자극을 받아 두뇌의 신진대사가 활발히 일어난다. 가치 소비란 신체와 두뇌에 일어나는 신진대사를 촉진시키는 아이디어에서 비롯된다.

POINT

7장
뇌를 깨우는 소비전략

1/ 가치 소비에는 '신체'의 신진대사와 마찬가지로 '두뇌'의 신진대사를
노린 '지적 신진대사 모델'도 있다. 즉 지적 자극을 받아 감동하거나 기분
이 고양되는 시간 소비 모델을 뜻한다.

2/ 지적 시간 소비를 재화 소비로 연결할 수만 있다면 가치 소비에서
재화 소비로 이어지는 자연스러운 흐름이 생긴다. 하지만 섣불리 시도하
면 판매자의 의도와는 반대로 기회 손실이 많은 비즈니스 모델이 되고
만다.

3/ 지적 신진대사 모델이 제대로 작용하려면 지적 신진대사의 '심리적
도화선'을 정확히 설계하는 일이 중요하다.

4/ 지적 신진대사 모델의 또 하나의 포인트는 시니어의 '경험 가치'를
최대화하는 장소를 만드는 것이다. '경험 가치'란 고객에게는 곧 체험이
경제 가치라는 개념이다.

5/ 시니어의 가치 소비(시간 소비)를 비즈니스로 연결한 사례로 '가치 소
비형 재화 소비 가게'라는 비즈니스 모델이 있다.

비합리성 속에
사업의 기회가 있다

— 다이신 백화점에 200종의 장아찌가 있는 이유

:: **시니어 시장에서는 비합리적 비즈니스가 합리적이다**

어느 외국계 기업 연구소에서 한 강연이었다. 주제는 세계 규모로 진행되는 고령화에 대한 대처 방안으로, 세계 각국의 담당자가 한자리에 있었다. 강연 전날에 도쿄 오모리에 있는 다이신 백화점을 견학했다기에 담당자들에게 반찬 매장은 둘러봤느냐고 묻자 아무도 보지 않았다고 대답했다. 내가 짐작하기에 200종류가 넘는 장아찌를 파는 의미를 외국 사람들은 아마 잘 이해하지 못했을 것이다.

다이신 백화점에 200종이 넘는 장아찌가 있는 이유는 주 고객이 시니어이기 때문이다. 시니어층에는 장아찌를 좋아하는 사람이 많으며, 사람마다 다른 종류의 장아찌를 찾는다. 다이신 백화점은 고객이 요청하는 상품은 아무리 구하기 어려워도 반드시 찾아내 발주하고, 꾸준히 판매한다. 장아찌의 종류가 200가지가 넘는 이유는 이러한 점포의 자세를 상징하는 것이다.

내가《시니어 비즈니스 7가지 발상전환》에서 언급한, 고령자에게 인기가 높았던 후쿠오카 시 하카타 구의 소형 슈퍼도 다이신 백화점과 마찬가지였다. 점포에 두는 고기는 삼겹살, 닭가슴살 등 겨우 네 종류밖에 없었다. 그 대신 장아찌는 저염 제품, 부드러운 제품 등 50종류도 넘었다. 장아찌 외에도 고객이 찾는 상품은 전부 찾아서 판매했다. 예를 들어 유명한 곶감을 사고 싶다는 요청이 들어오면 비록 한 봉지라 해도 입하해준다. 이런 요청은 고객마다 다르기 때문에 모든 요구에 부응하기란 대단히 어렵다. 하지만 그 슈퍼는 그런 노력을 꾸준히 지속하고 있다. 그 상품을 주문한 고객이 다른 고객에게 입소문을 내기 때문에 최종적으로는 나름대로 히트 상품이 된다.

한편으로 이런 방법은 수고만 들고 효율은 나빠 보인다. 하지만 고객은 자기가 원하는 상품을 '하나밖에 안 되어도 주문하면 들여봐준다'는 사실이 기쁘다. 이런 자세를 가진 가게는 신뢰도가 부쩍 오른다. 그렇게 되면 자주 방문하게 되고 충동구매의 기회도 증가한다.

참고로 이 소형 슈퍼에서는 각종 밑반찬이나 조미료를 필요한 만큼만 살 수 있다. 반찬이나 도시락 가게의 오리지널 도시락은 반찬만 따로 파는 것으로 유명한데, 이 슈퍼에서는 조미료까지 따로 살 수 있으며, 계란도 10개들이 팩이 아니라 낱개로 살 수 있다. 나이가 들면 일반적으로 기초대사량이 떨어지므로 식사량이 줄어든다. 또한 인구동태로 보아도 고령자 세대는 여성 혼자 사는 경우가 많다. 얼마 전까지만 해도 대형 슈퍼나 편의점의 도시락과 반찬은 양이 많아서 이런 여성들에게 인기가 없었지만, 이 소형 슈퍼에서는 제법 오래전부터 소량·낱개 판매를 실시했다. 다이신 백화점도 오래전부터 이 소형 슈퍼와 똑같은 방식으로 판매하고 있다.

다이신 백화점의 사례는 언뜻 볼 때 '비합리적'으로 보이는 일도 세심하게 꾸준히 지속하면 합리적인 결과를 얻을 수 있다는 사실을 보여준다. 경제원리로는 비합리적으로 보여도 앞을 내다보고 지속하다보면, 시니어 고객의 마음을 사로잡는 비결은 바로 경영자의 '성실하고 한결같은 자세'임을 깨닫게 되는 것이다.

∷ 입지가 나빠도 손님이 찾아오는 이유

일전에 '고구마 맥주'를 마실 기회가 있었다. 그전까지만 해도 고구마를 원료로 한 맥주라니 솔직히 상상이 안 됐다. 하지만 백문이 불여일견. 마셔보니 향도 풍부하고 부드럽게 넘어가는 맛에 깜짝 놀랐다. 고구마가 원료인 경우 일본의 주세법으로는 발포주로 분류되지만 맛은 틀림없는 맥주로, 내가 유럽에 체류하던 시절 독일 시골에서 체험했던 맛있는 지방 특산 맥주와 똑같은 맛이었다.

비합리성 속에 사업의 기회가 있다

이 '고구마 라거'의 개발자가 바로 협동상사의 창업자인 아사기리 유키요시 씨다. 1947년에 태어난 단카이 세대인 아사기리 씨는 일본 최초로 산지 직송 유기농 채소 판매를 시작한 선구자로 업계에서 유명한 인물이다. 아사기리 씨가 관여한 '업계 최초'는 산지에서 소매점까지 신선한 채소를 운반하는 '골드체인 시스템', 고구마뿐만 아니라 당근, 수박, 사과, 녹차를 사용한 지역 특산 발포주의 상품화 등 예를 들자면 끝이 없다.

내가 아사기리 씨의 경영철학에서 깊이 공감하는 것이 '비합리성 속에 비즈니스 기회가 있다'라는 사고방식이다. 가게를 내려면 입지 조건이 나쁜 곳에 내라는 식이다. 내가 고구마 라거를 맛본 곳은 제조공장 바로 옆에 붙어 있는 비어홀 레스토랑이었다.

그런데 이 레스토랑은 사이타마 현 가와고에 시 역 앞 번화가에서 멀리 떨어진 시내의 북쪽 변두리에 있다. 254번 국도에 가깝긴 하지만 국도변에 있는 것도 아니다. 하지만 굳이 이렇게 나쁜 위치에 세운 것은 아사기리 씨에게 다음과 같은 명확한 의도가 있었기 때문이다.

먼저 시가지와 떨어져 있어 지대와 임차료가 싸다. 그리고 제조공장과 직결된 레스토랑에서 마실 수 있기 때문에 맥주도 발포주도 신선하고 가격이 저렴하다. 요리에 사용하는 식료품은 협동상사가 재배하는 안전한 유기농 채소와 고기로 맛도 좋다. 냉동 재료만 사용하는 시가지의 획일적인 레스토랑에 질린 사람들은 다소 멀어도 진짜 요리를 합리적인 가격으로 제공하는 가게를 찾는다. 아사기리 씨는 악조건을 선택한 이유를 다음과 같이 밝히고 있다.

"입지가 나쁘면 가게에 손님이 오도록 경영자와 종업원이 머리를 쓰면 된다. 와주는 손님은 고마운 손님이니 종업원의 서비스도 자연히 좋아진다. (중략) 대부분의 경영자는 가게를 낼 때 인기 있는 장소, 돈이 모이는 장소, 인파가 많은 곳에 세우려 하지만 그래서는 노력을 하지 않게 된다. 노력을 하려면 나쁜 조건을 선택해야 한다."

:: 추운 시골에서도 빈집이 없는 실버타운의 비결

아사기리 씨의 이 발언은 미국 펜실베이니아 주에 있는 시니어 대상 은퇴자 커뮤니티인 윌로우 밸리Willow Valley 사업전략과 맞물려 큰 공감을 얻고 있다.

윌로우 밸리는 펜실베이니아 주 인구 6만 명의 작은 시골 마을에 있는 2000가구의 대규모 은퇴자 커뮤니티다. 보통 이런 시설은 플로리다나 애리조나처럼 따뜻하고 편리한 장소에 짓는데, 윌로우 밸리는 겨울에는 춥고 시가지에서 멀리 떨어진 장소에 있다. 그런데도 시설 입주율은 일반형과 요양형 둘 다 거의 100퍼센트이다. 어떻게 이런 일이 가능할까?

그 이유는 입주자가 참가하는 독특한 영업활동에 있다. 견학자가 전미에서 모여드는데, 이때 입주자가 직접 안내를 맡는다. 은퇴자 커뮤니티처럼 몇십 년이나 살아야 하는 조건의 상품을 구입할 때는 운영회사의 홍보보다 입주자의 생생한 목소리로 듣는 정보가 의사결정에 큰 도움을 준다.

가령 플로리다 주에서 온 견학자는 플로리다에서 이주한 입주자가 안내하고, 캘리포니아 주에서 온 견학자는 캘리포니아에서 이주한 입주자가 안내한다. 그렇게 되면 처음에는 이렇게 추운 시골에서 어떻게 사나 걱정스러운 마음으로 견학하던 사람도 자기와 같은 지역에서 살다가 이곳으로 이사 온 사람의 실제 체험을 듣고 안도한다. 이러한 작전으로 견학자는 은퇴 후 일반적인 주거지로 유명한 플로리다에 살지 않고 윌로우 밸리로 이주한 이유를 입주자 관점에서 알 수 있다.

덧붙여서 이러한 '주민 참가형' 영업활동을 효과적으로 실시하기 위해 안내를 맡은 입주자 대상으로 커뮤니티의 매력을 제대로 설명하기 위한 연수를 사전에 실시한다. 또한 견학자가 실제로 입주하면 안내자의 월세를 공제해주는 등 경제적 인센티브도 마련해놓았다.

이렇듯 악조건의 입지는 오히려 경영자와 종업원이 머리를 써서 전략을 짜내는 계기가 된다.

:: 인기 상품이 꼭 재방문의 이유는 아니다

다이신 백화점에 재방문 고객이 많은 이유는 다른 가게에서는 더이상 살 수 없는, 다이신 백화점에서만 손에 넣을 수 있는 상품이 있기 때문이다. 그곳에 가면 파리 끈끈이나 재생지로 만든 화장지 등 도심의 일반 가게에서는 사라진 상품을 살 수 있다. 고령자가 애용하는 포마드, 화장품에 재래식 화장실 변기 뚜껑까지 있다는 사실에는 놀라지 않을 수 없다. 그런 상품을 구입하러 온 손님들은 모처럼 왔으니 그 김에 좀 더 사두려는 마음으로 그 외의 상품도 충동구매한다.

또한 다이신 백화점에서는 무거운 상품은 금액과 상관없이 무료로 배송해준다. 그래서 이익이 날까 싶지만 이익은 제대로 난다. 그런 친절한 서비스를 경험한 시니어 고객이 기쁜 마음으로 다시 가게를 찾기 때문이다.

편의점에서는 POS 데이터를 근거로 팔리지 않는 상품은 일주일 만에 선반에서 빼버린다. 35평방미터 내지 50평방미터로 면적이 한정된 점포에서는 효율을 올리기 위해 어쩔 수 없는 일이다. 이에 비해 다이신 백화점의 경우 재방문 고객은 인기 상품을 사려고 가게를 거듭 찾는 것이 아니다. 다른 가게에는 없는, 그곳에만 있는 상품을 사러 가는 것이다. 단기적인 점포 효율 향상보다도 장기적인 고객과의 신뢰관계 유지를 중시하는 것이다.

비합리성 속에 사업의 기회가 있다

:: 시니어가 기뻐하는 돈 안 드는 '고부가가치 서비스'란?

전에 내 사무소가 있던 아카사카에 제법 좋은 가게가 있었다. 여기서 '제법 좋다'는 의미는 전통적인 선술집이지만 서비스가 뛰어나다는 뜻이다.

이런 가게의 점심 메뉴는 종이 메뉴판에 '꽁치 정식' 같은 이름이 적혀 있는 게 일반적이다. 하지만 그 가게에서는 서빙을 담당하는 나이 지긋한 여성이 종이 메뉴 대신 그날 들여온 여러 생선을 커다란 광주리에 담아 손님 테이블로 가져온다. 손님이 좋아하는 생선을 고르면 그것을 요리해 정식으로 내놓는 것이다.

이 시스템이 뛰어난 이유는 자기가 좋아하는 식료품을 직접 확인하고 고를 수 있다는 점이다. 하지만 내가 더욱 감탄한 것은 정식 이름만 적혀 있는 운치 없는 종이 메뉴판 대신 신선한 자연 식재료를 손님 눈앞에 가져오는 센스 있는 전략이다. 비늘이 빛나는 생선을 두 눈으로 보면 식료품의 신선함을 직접 느낄 수 있고 요리에 대한 기대도 커진다. 그렇게 되면 나오는 요리가 실물 이상으로 맛있게 느껴지니 신기한 일이다.

아카사카 같은 장소에는 겉보기도 화려하고 가격도 대단한 '형식적인 고급 가게'가 많다. 하지만 그보다는 이 가게처럼 비용은 거의 들이지 않고도 고객의 만족감을 듬뿍 올려주는 서비스가 훨씬 인상에 남고 '또 가고 싶다'는 마음이 들게 한다.

그레이마켓이 온다

:: '흥정'에는 흥정 이상의 의미가 있다

사이타마에 있는 우리 집에서 차로 5분 거리에 오래된 상점가가 있다. 지방 도시에 흔한 '○○긴자'라는 이름의 장소다. 하지만 몇 년 전 대형 슈퍼가 진출한 이래로 시장이 완전히 죽어 사라지는 것도 시간문제였다.

하지만 몇몇 가게는 살아남았을뿐더러 예전보다 더 많은 손님이 찾아온다. 그중에서도 어묵 가게가 특히 인기다. 주문을 하면 아주머니가 손님이 주문한 것 이상으로 봉투에 어묵을 듬뿍 담아준다. 값을 치를 때 끝자리가 생기면 손님이 말하지 않아도 반드시 깎아준다. 겨우 몇십 엔 차이지만 손님은 굉장히 이득을 본 기분이 되어 '다음엔 더 사줘야지, 또 와야지' 하고 생각한다.

이 어묵 가게처럼 끝자리를 버리는 경우는 예전에는 채소 가게든 생선 가게든 대부분의 가게에서 당연하게 볼 수 있는 광경이었다. 하지만 POS가 도입된 지금의 슈퍼나 편의점에서는 더 이상 불가능한 일이다. 모든 구매 기록이 전자 데이터로 빈틈없이 관리되기 때문이다. 일전에 강연회에서 만난 포크 가수 나기라 겐이치 씨는 편의점의 결점은 '흥정'을 없앤 것이라고 투덜거렸다.

구매자가 값을 깎는 행위와 그것에 응하는 판매자의 행위에는 사실 단순한 가격교섭 이상의 의미가 있다. 그것은 구매자의 '싸게 사고 싶다'는 마음과 판매자의 '비싸게 팔고 싶다'는 마음이 오가는

'커뮤니케이션 과정'이다. 그런데 이때 쌍방의 진정한 목적은 싸고 비싼 것 이상으로 서로 '기분 좋게' 사고팔려는 마음에 있다.

앞서 말한 고부가가치 서비스의 공통점은 사실 그 자체로는 큰 비용이 들지 않는다는 것이다. 하지만 비용이 들지 않는 대신 약간의 '수고'가 든다. 그 수고는 '육체노동의 수고'라기보다 오히려 배려나 인심과 같은 '정신적 수고'에 가까운지도 모른다.

나는 이따금 국제회의 때문에 스위스에 갈 일이 있다. 요즘에는 엔화 가치가 높아 전보다는 나은 편이지만 세계 최고라는 스위스의 높은 물가에는 항상 놀란다. 그런데 그곳 호텔에 묵을 때마다 스위스라는 국가의 경쟁력의 근원을 엿볼 수 있다. 그것은 고객에 대한 접대 태도와 스타일이다.

취리히에서 전철을 타고 동쪽으로 한 시간 정도 떨어진 장소에 상트갈렌이라는 도시가 있다. 내가 그 도시에서 자주 묵는 호텔은 규모도 그리 크지 않고 딱히 세련되지도 않지만 기억에 남는 장소다. 호텔 레스토랑은 최상층에 단 한 곳뿐이고, 외관도 가슴 설레는 분위기는 아니다. 하지만 종업원의 대응이 훌륭하다. 언제 손님이 방문해도 항상 웨이트리스가 멋진 미소로 응대해준다.

억지로 지어내는 미소는 남에게 그대로 전달된다. 하지만 그 레스토랑 종업원의 미소는 지극히 자연스럽고 진심에서 흘러나오는 표정이다. 그런 미소로 맞아주면 다소 값이 비싸도 용서하고 만다. 비용이 들지 않는 고부가가치 서비스란 '정신적 수고'를 수고로 생각하지 않고 흐르는 물처럼 자연스럽게 표현할 수 있는 것을 말한다.

앞에서 나는 '비합리성 속에 비즈니스 기회가 있다'고 말했다. 하지만 이 '비합리성'을 살펴보면 사실 지금까지의 상식이나 속설을 토대로 사람들이 멋대로 비합리적이라고 믿는 경우가 더 많다. 이들 사례는 그런 사람들이 무심코 비합리적이라고 딱지를 붙인 분야에 사실은 비즈니스 기회가 있다는 것을 보여준다.

8 장
비합리성 속에 사업의 기회가 있다

1 / 시니어 시장에서는 언뜻 '비합리적'으로 보이는 일이 고객의 마음을 사로잡아 장기적으로는 성과를 올리고 결과적으로 합리적인 비즈니스가 되는 경우가 많다.

2 / 역에서 멀고 불편한 곳에 자리한 레스토랑이 인기 매장이 되거나, 추운 시골에 있는 실버타운이 꽉 차는 이유는 뭘까? 악조건의 입지 속에서 오히려 경영자와 종업원이 머리를 써서 전략을 세우기 때문이다.

3 / 다이신 백화점은 200종이 넘는 장아찌와 다른 가게에서는 더 이상 살 수 없는 고령자들이 선호하는 상품을 많이 갖추고 있다. 이렇게 구하기 힘든 옛날 상품을 많이 갖추는 것은 언뜻 '비합리적'으로 보이지만 '옛날 상품'은 고객이 점포를 다시 찾는 계기가 된다.

4 / '비합리성'을 살펴보면 사실 지금까지의 상식이나 속설을 토대로 사람들이 멋대로 비합리적이라고 믿어버린 것뿐이다. 많은 사람들이 비합리적이라고 생각하는 분야에 바로 비즈니스 기회가 존재한다.

'3E'를 상품에 접목하라

– 120만 엔짜리 상품이 날개 돋친 듯 팔리는 이유

:: 시니어 자산은 왜 소비로 전환되기 어려운가?

앞에서 살펴본 것처럼 시니어의 자산 구조는 '고자산 빈곤층'이다. 자산이 많다고 해서 일상 소비가 많다는 보장은 없다. 일상 소비는 대개 월간 소득에 비례한다. 퇴직자 비율이 높은 60대, 70대의 소득 은 당연히 50대보다 적다. 그러므로 일상 소비인 소득 소비를 사로 잡으려면 상당히 치밀하고 상세한 접근이 필요하다. 시니어 시프트 에 가장 주력하고 있는 소매업 분야에서 실시하는 전략이 그 최첨단 해법이라 할 수 있다.

시니어의 소비를 더 자극하려면 현금 소비를 사로잡는 것뿐만 아 니라 자산 소비를 부추기는 상품과 서비스를 제안해야 한다. 시니어 세대는 청년층에 비해 자산이 많은데 어째서 그것이 소비로 전환되지 않는가? 그 최대 이유는 장래에 대한 불안 때문이다. 인간은 미래에 막연한 불안을 느끼면 지갑을 닫는다. 여차할 때를 대비해 평소에는 소비를 가급적 자제하는 것이다. 하지만 그 지갑을 열어 자산 소비로 연결하기 위한 접근법이 몇 가지 있다. 그것은 우리의 두뇌를 중심으로 한 신체 변화와 연관이 있다.

:: 연령에 따른 뇌 구조 변화의 의미

우리의 대뇌는 외측의 회백질과 내측의 백질이라는 두 부위로 나뉜다. 회백질은 신경세포의 조합으로 컴퓨터로 말하면 전기신호를 발신하는 CPU이다. 그에 비해 백질은 신경섬유로 컴퓨터에 빗대면 칩들을 연결해 전기신호를 전달하는 네트워크다. 우리의 뇌는 무수한 칩이 무수한 네트워크로 연결되어 있는 구조다. 도호쿠대학 가령 의학연구소에는 이것이 연령에 따라 어떻게 변하는지 실제로 인간의 뇌를 10년간 추적해 계측한 데이터가 있다.

이것을 보면 노화와 함께 신경세포의 체적이 직선적으로 줄어드는 것을 알 수 있다. 충격적인 사실은 신경세포가 50세나 60세가 아니라 20세만 지나면 직선적으로 감소한다는 점이다. 남녀에 큰 차이는 없다. 이와는 반대로 신경섬유는 노화와 함께 조금씩 증가한다는 사실을 알 수 있다. 대개 60~70대 사이에 정점에 달한다. 그 시점을 지나면 감소하지만 80대에도 20대와 비슷한 체적을 유지한다. 이것이 의미하는 바는 무엇일까?

아직 과학적으로 증명된 것은 아니지만 신경섬유가 증가한다는 것은 우리의 직관력이나 통찰력과 같은 지혜의 힘과 관계가 있어 보인다. 보다 쉬운 말로 하면 '연륜', 즉 나이를 먹으면 계산을 하거나 기억하는 속도는 떨어지지만 보다 심오한 지혜의 힘이 나이와 함께 증가하는 것이다. 바꾸어 말하면 뇌의 잠재능력은 노화와 함께 발달한다고 볼 수 있다.

:: 대다수의 단카이 세대가 '해방 단계'

존 워싱턴 대학교의 심리학자 진 코엔은 45세 이상 인간의 심리발달 단계를 '재평가 단계', '해방 단계', '정리 단계', '알코올 단계'의 네 단계로 분류한다. 코엔은 저명한 발달심리학자 에릭 에릭슨의 제자로, 에릭슨이 50세 이상 인간의 발달을 '성숙기'라는 하나의 카테고리로 묶어 일반화한 것을 심화하여 고찰했다.

코엔은 50대 중반부터 70대 전반에 걸친 단계를 '해방 단계'라 불렀다. 일본의 단카이 세대는 바로 해방 단계의 중심에 있다. 해방 단계의 사람들은 지금까지와는 전혀 다른 일을 하고자 하는 경향이 강하다.

가령 회사에서 조기 퇴직하고 오키나와로 가서 다이버가 되거나, 평생 카운터에서 파트타임으로 일했던 여성이 댄스 강사가 되는 식이다. 이러한 일종의 '변신'이 발생하기 쉬운 것이 이 단계의 특징이다.

어째서 60대 전후에 해방 단계가 찾아오는 것일까? 첫 번째 이유는 앞서 말했듯 두뇌의 잠재능력이 발달하면서 새로운 활동이나 역할에 도전할 에너지가 솟아나기 때문이다. 두 번째 이유는 이때가 퇴직이나 자녀 독립, 부모 부양 종료 등 라이프 스테이지가 변하는 시기이기 때문이다. 이것을 계기로 심리적 변화가 일어나기 쉽다. 여생이 길지 않으니 하고 싶은 일을 하려는 마음이 강해진다. 코엔은 그 경우 '이너 푸시inner push'라고 부르는 자기해방을 촉진하는 정신 에너지가 쉽게 발생한다고 주장한다.

이너 푸시에는 충동, 욕구, 동경 등 다양한 형태가 있는데 이것이 소비의 계기가 된다. 나는 이러한 형태의 소비를 '해방형 소비'라 부른다.

시니어 세대에서 해방형 소비가 발생하려면 상품과 서비스에 다음 세 가지 요소가 필요하다. ①호기심을 자극할 것Excited, ②당사자가 될 것Engaged, ③용기를 주거나 기운을 북돋아줄 것Encouraged이다. 나는 이를 '3E'라 부른다.

:: 사람은 '호기심' 때문에 소비한다

일전에 50대의 라이프스타일을 응원하는 잡지 《이키이키》에서 '보스턴 원 먼스 스테이'라는 상품을 제안했다. 이는 단순한 관광여행이 아니라 모두가 동경하는 도시 보스턴에서 한 달 동안 주민처럼 생활하면서 영어를 배우는 지적 체험형 여행상품이었다.

일본과 보스턴 왕복 비행기, 호텔, 식비, 영어학원 비용 등을 전부 포함해 가격은 1인당 120만 엔. 상당한 고액이지만 광고한 지 2주 만에 30명 정원이 꽉 찼다. 편집부는 상품을 기획하기 전에 그때까지 독자들이 보내온 수많은 의견을 통해 50~60대 여성을 중심으로 '뭔가를 시작하고 싶다', '새로 시작하고 싶다', '변하고 싶다', '지금도 늦지 않았으니 배우고 싶다'는 내적 충동을 가진 사람이 많다는 사실을 알고 있었다. 그래서 그 부분을 부각시키는 기획을 만들어 잡지에 실은 것이다.

30명이란 숫자는 소비재를 팔아야 할 시장으로는 결코 크지 않다. 하지만 여성 한 명이 120만 엔을 낸다는 게 무슨 뜻인지 생각해보자. 나이를 먹어도 호기심을 채우고 싶고, 다시 한 번 꿈을 꾸고 싶은 사람들이 시니어층에도 적잖이 존재한다는 증거이다. 50세가 되어도, 60세가 되어도, 70세가 되어도, 호기심을 좇는 사람은 제법 많다. 나는 이러한 소비 형태를 '호기심 소비'라 부른다. 앞날이 불투명한 시대이기에 오히려 이렇게 심리적 호기심을 채워주는 호기심 소비의 수요는 더욱 증가할 것이다. 기업은 지혜를 짜내 이러한 상품을 자꾸 기획하고 출시해야 한다.

:: '가슴이 두근거리는 상품'을 호소한 잡스

1996년에 빈사상태였던 애플로 돌아온 창업자 스티브 잡스가 사내 경영회의에서 한 첫 마디는 바로 이것이었다.

"인터넷 시대를 뛰어넘어 개인이 정보를 간단히 주고받을 수 있는, 가슴이 두근거리는 상품을 제공합시다."

잡스의 이 발언은 비단 IT기기나 서비스에 국한된 것이 아니다. 시니어 세대에 대한 상품과 서비스에도 통한다. 단순히 저렴하거나 품질이 좋은 것만이 아니라 '가슴이 두근거리는' 상품이야말로 정체된 초고령사회에 필요하다. 잡스 사망 직후 추도 기사에 나온 다음 내용은 나의 눈길을 사로잡았다.

> 무엇을 원하는지 고민하는 것은 소비자가 할 일이 아니라며 시장 조사는 참
> 고하지 않았다. 본인이 원하는 게 무엇인지, 자신의 감성을 판단 기준으로
> 삼았다. 특히 집착했던 것이 제품의 미적 요소였다. 휴대전화 표면에 붙어
> 있는 숫자와 문자 조작 버튼도 잡스의 눈에는 추한 요철로밖에 보이지 않았

다. 아이폰이 버튼 없는 터치패널 조작 방식인 것도 심미안의 결과였다.

– 일본경제신문 전자판 2011년 10월 6일 〈컴퓨터를 주머니 속에, 시대를 선도한 잡스〉 중에서

이 기사에 눈길이 간 이유는 완전히 우연이지만 졸저《시니어 비즈니스 7가지 발상전환》첫째 장 제목이 '시장조사에 의존하지 마라―디지털 분석에서 아날로그 직감으로'였기 때문이다. 그 책에서 다룬 것은 당시 아직 등장하지 않았던 아이폰이 아니라 소니의 '워크맨'에 관한 일화였다. 다만 카세트테이프나 CD 같은 미디어를 사용하는 소니 워크맨은 아이러니하게도 이러한 미디어를 사용할 필요가 없는 아이팟이나 아이폰으로 대체되었다.

:: **혁신적인 히트 상품의 아이디어는 시장조사에서 태어나지 않는다**

하지만 워크맨과 아이팟/아이폰에는 공통된 스토리가 있다. 그것은 혁신적인 히트 상품의 아이디어란 시장조사에서 태어나지 않는다는 것이다. 소니가 워크맨을 상품화하기 전에는 워크맨 같은 물건을 상품화한 기업이 없었다. 하지만 한번 워크맨이라는 상품이 구체적으로 눈앞에 나타나자 '이런 걸 찾고 있었어'라는 사람들이 줄줄이 나타났다. 아이팟이나 아이폰도 마찬가지다. 이런 제품들이 상품화되기 전에는 아이팟도 아이폰도 없었다. 그리고 한번 실질적인 상

품이 시장에 나타나면 폭발적으로 팔린다.

이러한 상품 수요는 수많은 소비자 속에 잠재적으로는 존재했던 것이지만 상품화되기 전에는 소비자 쪽에서 수요가 구체적으로 나타나지는 않는다. 대부분의 경우 소비자 자신이 그러한 수요의 존재를 깨닫지 못하기 때문이다. 그러므로 표층적인 의식 레벨의 정보밖에 파악하지 못하는 인터넷 설문이나 집단 인터뷰를 아무리 면밀히 실시한들 혁신적인 히트 상품의 아이디어를 얻을 수 없다.

사람들의 가슴을 두근거리게 만드는 상품을 탄생시키는 것은 소비자의 역할이 아니다. 상품 제공자가 만들어내야 하는 것이다. 그러기 위해서는 무엇보다 상품 제공자 스스로가 가슴이 두근거리는 경험을 해야 한다.

:: 직접 당사자가 되어보면 소비한다

여행사인 '클럽 투어리즘'은 수도권을 중심으로 300만 세대, 700만 명의 회원을 보유하고 있다. 주요 회원은 60~70대 시니어층으로 이들을 대상으로 다양한 테마형 여행상품을 제공하고 있다. 이 회사에는 '고객 참가형' 활동이라는 재미있는 시스템이 있다.《여행의 친구》라는 여행정보 월간지를 회원들에게 무료로 배포하는데, 우편으로만 배송하는 것이 아니라 에코 스태프라는 담당자가 직접 가져다준다.

이 에코 스태프는 사실 원래는 고객이었던 사람들이다. 스태프가 되어 회지를 월 1회, 250부 배포하면 한 달에 3000엔, 많이 배포하는 사람은 3만 엔 이상 받을 수 있다. 그래도 우송보다 배송비가 적게 들기 때문에 회사 측에는 이점이 많다. 또한 직접 자택에 배달함으로써 고객과 얼굴을 맞대고 대화할 기회가 생기고, 이것이 고객 릴레이션십 매니지먼트^{RM}도 된다. 에코 스태프의 수는 2012년 9월 현재 약 8000명에 달한다. 회사에서 정년퇴직한 사람들도 상당수 있으며 최근에는 특히 희망자가 많다고 한다.

에코 스태프는 《여행의 친구》에 실린 기사를 중심으로 대화를 나눌 수 있어 즐거움과 동시에 용돈도 벌 수 있다. 차곡차곡 모은 용돈은 어떻게 쓰는가 하면 결국 클럽 투어리즘을 통해 여행하는 데 쓴다. 또한 에코 스태프끼리 친구가 되거나 모은 돈으로 함께 여행을 떠나는 경우도 많다. 그때는 굳이 타사 상품을 이용하지 않고 클럽 투어리즘의 상품을 이용한다. 실로 완벽한 시스템이다. 게다가 본인들도 매우 즐기고 있으며 만족을 느낀다.

퇴직 후 수입이 연금뿐이면 불안하지만 즐거운 일을 하면서 용돈벌이도 할 수 있고, 그 돈으로 또 즐거운 일을 할 수 있는 것이다. 시니어층은 이런 생활의 균형을 원한다. 그러므로 방관자인 고객이 아니라 당사자인 스태프가 되면 소비가 발생한다. 그런 의미에서 나는 이런 소비를 '당사자 소비'라 부른다.

기업이 고객에게 사업에 관여할 기회를 제공하면 고객에게 당사자 의식이 높아짐과 동시에 경제적 여유도 생기기 때문에 소비가 촉진된다. 이렇듯 사업에 직접 관여해 발생하는 당사자 소비는 향후 시니어 소비를 촉진하는 중요한 형태가 될 것이다.

:: 심신이 건강하면 소비한다

앞서 말한 여성 전용 피트니스 클럽 커브스에서는 주로 근력 트레이닝과 유산소 운동, 스트레칭을 실시한다. 피트니스에서 운동을 어느 정도 지속하면 회원들은 날씬해지고 건강해진다. 그렇게 되면 우선 운동복이 아닌 다른 옷을 사게 된다. 살이 빠져서 스타일이 좋아지기 때문이다. 나도 그랬지만 뚱뚱했다가 살이 빠지면 정말 기쁘다. 같은 피트니스에 다니는 친구와 함께 여행도 가게 된다. 전국 커브스 점포에서는 지금 여행 바람이 불고 있다. 한번 회원들끼리 여행을 가면 점포의 분위기가 훨씬 밝아지고 운영도 더욱 수월해진다고 한다.

이렇게 심신이 건강하면 병에 잘 걸리지 않으므로 의료비용과 요양비용이 줄어든다. 그뿐 아니라 소비 의욕이 일어 소비도 증가하므로 경제 활성화에 공헌한다. 일본 전국 50만 명의 커브스 회원들이 모두 건강해져서 소비가 증가하면 그만큼 큰 반향을 불러일으킬 것이다.

앞서 말했듯이 피트니스 클럽에 다니는 사람은 전체 인구의 약 3퍼센트. 나머지 97퍼센트는 이런 곳에 다니지 않는다. 보다 많은 사람들이 커브스는 물론이고 다른 피트니스 클럽을 통해 근육 운동과 유산소 운동에 힘쓰면 의료비용과 요양비용이 대폭 절감되어 경제 활성화로 이어질 것이다.

사실 나는 이 주제로 대학에서 학술적으로 연구할까 생각도 했다. 하지만 이는 비즈니스 현장에서는 이미 일어나고 있는 현상이다. 나는 이것을 '건강 소비'라 부른다. 사람이 건강해지면 소비가 발생한다. 기업은 시니어층이 더욱 건강해질 수 있는 상품을 제공해야 한다.

∷ 3E가 쌈짓돈을 움직인다

지금까지는 전부 3E가 소비를 낳는 견인력이 된 사례였다. 시니어 시장을 보다 확대하려면 3E를 중심으로 자산을 할애해서라도 사고 싶은 상품과 서비스를 더 많이 제안해야 한다. 이러한 노력은 일견 수고스럽게 보이지만 시니어 시장에서 성공한 기업은 모두 이런 식으로 착실히 이익을 올리고 있다.

POINT

9장
'3E'를 상품에 접목하라

1 / 시니어의 소비를 더 자극하려면 소득 소비를 사로잡는 것뿐만 아니라 자산 소비를 부추기는 상품과 서비스를 제안해야 한다.

2 / 자산 소비로 이어지는 접근법의 열쇠는 우리 뇌를 중심으로 한 신체 변화에 있다.

3 / 인간은 50대 후반부터 70대 전반에 걸쳐 심리적인 '해방 단계'를 맞이한다. 첫 번째 이유는 두뇌의 잠재능력이 발달하면서 새로운 활동이나 역할에 도전할 에너지가 솟아나기 때문이다. 두 번째 이유는 이때가 퇴직이나 자녀 독립, 부모 부양 종료 등 라이프 스테이지가 변하는 시기이기 때문이다.

4 / 이런 계기를 통해 심리적 변화가 쉽게 일어나 충동, 욕구, 동경 등 '이너 푸시'라 부르는 자기해방을 촉진하는 정신 에너지가 발생한다. 이것이 '해방형 소비'의 계기가 된다.

5 / 해방형 소비가 발생하려면 반드시 상품과 서비스와 '3E'가 맞물려야 한다. 즉, '호기심을 자극하고Excited', '당사자가 되어보며Engaged', '용기를 주거나 기운을 북돋아주는Encouraged' 요소를 갖추어야 한다.

10

연령 마케팅에
신중하라

— 수용될 때와 거부될 때

:: 경제적 이점을 느낄 경우에는 통한다

중장년을 대상으로 상품과 서비스를 제공할 경우 특정 연령에 한정된 마케팅이 수용되는 경우와 그렇지 않은 경우가 있다. 최근 사례로는 산토리 화장품 '에퍼지 F.A.G.E'가 해당된다. '아직 50대. 탄력만 있다면', '60대, 솟아나는 탄력' 등 신문광고나 전단지로 타깃 고객층의 연령에 맞추어 효능을 호소했다.

이러한 특정 연령 마케팅이 수용되는 것은 경제적 이점이 뚜렷하게 느껴질 때다. 가령 영화나 극장, 미용실 등의 시니어 할인이 해당된다. JR 동일본철도의 '어른의 휴일 클럽'처럼 특정 연령을 위한 철도운임 할인이 전형적인 예다.

할인 이외의 사례로 과거에 아리코 ^{현 메트라이프 아리코}가 발매한 '가입할 수 있는 종신보험'이라는 보험 상품도 있다. 일반적으로 나이가 들면 사망보험은 가입하기 어렵다. 당시 이 상품이 발매되기 전까지 50세 이상 고령자가 의사 진단 없이 가입할 수 있는 사망보험은 거의 없었다. 수요는 있지만 공급이 없었던 작은 시장에서 대히트를 기록한 상품이었다. 지금은 메트라이프 외에도 많은 보험회사에서 50세 이상 고령자도 가입할 수 있다고 호소하는 광고를 심심찮게 볼 수 있다. 이렇게 해당자가 경제적 이점을 느낄 경우 특정한 연령에게만 호소하는 마케팅도 통한다.

:: '후기 고령자'는 왜 고립되었나?

반대로 '차별적 뉘앙스'가 느껴지는 경우 연령 마케팅은 거부당한다. 후기 고령자 의료제도가 그 전형적인 사례다. 75세 이상 고령자로 한정해 보험료 부담을 높였다가 맹렬한 반대에 부딪혔다. 부담을 높였지만 사실은 직장인의 부담률 3퍼센트보다 요율이 낮았다. 하지만 특정 연령층의 부담을 증가시키는 접근법은 특정 연령층에 대한 '차별'로 보이기 쉽다.

나는 예전에 미국 팔로알토의 시니어센터를 방문했을 때 당시 부사장에게 다음과 같은 이야기를 들었다. "보통 시니어Senior라고 불리면 노인 취급을 받는 것 같아 불쾌해합니다. 하지만 시니어 할인을

적용해줄 때는 시니어라고 불려도 좋지요." 대단히 임의적인 해석이
지만 이것이 고령자의 본심이 아닐까.

:: 화장품은 회색 지대

다시 화장품 얘기로 돌아가면, 지금까지 화장품은 특정 연령 마케
팅이 성공한 적이 없다. 과거에 어느 대기업 화장품 회사가 50대 이
상 여성에 맞추어 대대적인 캠페인을 실시했을 때는 획기적인 시도
로 수많은 미디어에 방송되었다. 하지만 정작 매상은 시원치 않았다.
특정 연령 마케팅은 대상자에게 특정 '딱지'가 붙었다는 느낌을 주
기 때문이다. 이렇게 특정 딱지를 붙이는 것을 라벨링labeling이라 한
다. 라벨링이란 원래 특수한 사실을 근거로 어느 인물이나 사건의
평가를 유형적, 고정적으로 규정하는 것을 뜻한다.

흔히 '시니어가 인지하는 본인의 연령은 실제 연령보다 10살 어리
다'고 한다. 그러므로 일부 광고기획사에서는 60대 시니어를 타깃으
로 삼을 때 50대 대상 카피를 사용하라고 한다. 하지만 이것은 실수
다. 인지 연령이 실제 연령보다 10살 어리다는 것은 본인이 실제 연
령보다 10살 어리다고 인지한다는 뜻이 아니다. 젊었을 때보다 연령
에 비례해 체력도 떨어지고 육체적으로도 쇠약하다는 것을 스스로
충분히 인지하고는 있지만 그 사실을 누군가에게 굳이 지적받고 싶

지는 않다는 복잡한 심경을 나타내는 것이다.

또한 단카이 세대 중에는 그들 윗세대와의 차이를 느끼는 사람이 많다. 구체적 사례로 컴퓨터나 휴대전화, 스마트폰 등 정보기기를 사용할 수 있다는 점이나 부부동반 활동을 부끄럽게 여기지 않는다는 점을 들 수 있다. 특히 여성의 경우 '자산은 자식보다 나를 위해 사용한다', '자립 경향이 강해 뭐든지 직접 해결하고 싶다'는 경향이 현저하다. 그런 이유로 여행상품으로 예를 든다면 패키지 상품보다는 고객이 원하는 여행의 '요소'나 '부가서비스'를 인터넷으로 제공하는 '세미 오더형' 여행 서비스의 수요가 증가할 것이다.

:: 라벨링에 의한 과거의 실패 사례에서 배워라

산토리의 사례를 보면 라벨링에 의한 과거의 실패 경험을 상세히 연구해 카피 문구의 단어를 선정할 때도 다양한 측면에서 세심한 고민을 한 흔적이 느껴진다. 고객에게 실제로 어느 정도 반응을 얻을 수 있을지 흥미롭다.

다이마루 마쓰자카야 백화점은 60대 여성을 타깃으로 하는 '마담 셀렉션'이라는 매장을 열었다. 20~30대를 노린 매장이 인기가 좋아 60대 대상으로도 도입하게 되었다는 것. 마쓰자카야 우에노 점, 다이마루 교토 점에 이어 대도시 주요 지점에 도입한다고 한다. 하지만 매장 단위의 연령 마케팅도 60대 대상으로는 과거에 고전한 사례가 있다. 이러한 과거를 꼼꼼히 연구하고 주도면밀하게 도전해 전례를 뒤집어주길 바란다.

:: 고령자라는 명칭이 사라진다

미국의 조직 명칭에서 '고령자'를 상징하는 단어가 사라지고 있다. '엘더 호스텔Elder Hostel'이라고 하는 고령자에게 유명한 비영리단체가 있다. 55세 이상 고령자를 대상으로 여행을 통해 배움의 기회를 제공하는 콘셉트로 고령자의 새로운 여행 스타일을 제안하는 곳이다. 설립은 1975년. 지금도 회사명은 엘더 호스텔이지만 몇 년 전에 브랜드 명칭을 Road Scholar 길 위의 학자로 변경했다. 고객의 세대가 변화해 더 이상 'Elder 고령자'라는 이름이 상품에 맞지 않는 것이다.

50세 이상 회원 3700만 명을 보유한 세계 최대의 고령자 비영리단체라 불리는 AARP. 예전 명칭은 American Association of Retired Persons, 일본에서는 '미국은퇴자협회'라 불렸다. 하지만 몇 년 전에 정식 명칭을 AARP로 변경했다. 조직 명칭에서 Retired 은퇴자라는 단어를 삭제하고 싶었다는 게 변경 이유다. Retired라는 단어에는 사회와의 연결점을 잃고 존재의의를 부정당한 사람이라는 뉘앙스도 있기 때문이다.

물론 엘더나 시니어라는 단어가 붙은 조직 명칭은 지금도 수없이 남아 있다. 하지만 실제로는 그 대부분이 'Senior Center'라는 행정 서비스의 명칭이거나 'Home Instead Senior Care'와 같은 출장간호 서비스의 명칭이다.

:: 고령자라는 명칭을 기피하는 이유

이처럼 고령자를 상징하는 명칭을 기피하는 경향이 강해진 배경에는 몇 가지 이유가 있다. 첫 번째는 연령차별주의에 대한 뿌리 깊은 반감이다. 미국에는 원칙적으로 일정 연령이 되면 퇴직하는 '정년' 제도는 없다. 예전에는 있었지만 AARP 등의 활동에 힘입어 연령차별이라는 이유로 철폐되었다. 그렇지만 실제로는 일본과 마찬가지로 60~65세에 퇴직하는 사람이 많다. 어디까지나 강제적인 정년이 아니라 개인의 판단에 맡기는 형식을 취하고 있다. 미국이란 나라는 다양한 민족으로 이루어진 이민 국가이므로 인종이나 성별, 연령 등에서 오는 차별을 최대한 철폐하는 것이 기본 원칙이다.

두 번째 이유는 과거에 비해 고령자라는 인식이 희박한 사람들이 증가했다는 사실이다. AARP가 설립된 1958년만 해도 50세가 넘으면 충분히 '고령자'였다. 엘더 호스텔이 설립된 1975년 역시 55세 이상을 엘더라 불러도 허용되었다. 하지만 지금은 50대는 물론 60대

노인이라도 고령자라는 명칭에 납득하지 못하는 사람이 늘고 있다.

세 번째 이유로 서비스 제공자가 특정 연령층을 타깃으로 삼지 않고 폭넓은 연령층을 수용하려는 경향을 보인다는 점이다. 때문에 굳이 고령자를 타깃으로 삼고 있다는 사실을 내비치지 않는 경향이 있다. 특히 2008년 리먼 사태 이후로 이런 경향이 강해지고 있다. 종래 미국의 연장자는 금융자산을 주식이나 투자신탁으로 보유하는 경향이 강했다. 때문에 리먼 사태에 따른 주가 하락과 그 후의 경기침체로 보유자산이 크게 감소하면서 부득이하게 생활 스타일을 변경한 사람들도 많다.

이러한 동향을 살펴보면 미국에서는 고령자를 상징하는 명칭의 사용 빈도가 향후 더욱 줄어들 것으로 보인다. 일본에서도 이전에 '후기 고령자'라는 명칭을 건강보험제도에 도입했을 때 커다란 반발이 있었다는 것은 기억에 생생하다. 이제는 다양한 사람들을 고령자로 묶어 획일적으로 다루는 방식이 시대에 맞지 않는 것이다. 향후 민간의 상품·서비스는 물론이고 행정 서비스나 제도에서도 연령이라는 척도뿐만 아니라 세심한 배려가 필요할 것이다.

:: **중장년에게 적절한 명칭은 무엇인가?**

때때로 중장년을 대상으로 하는 시장을 말할 때 어떤 명칭이 어울리는지 모르겠다는 질문을 받는다. 1980년대부터 1990년대까지는 실버 비즈니스, 실버 시장 등 실버라는 단어가 있었다. 하지만 이 '실버'란 단어는 과거의 실버 시트나 실버 콜롬비아 계획처럼 연장자를 사회적 약자로 보는 의미가 강하다. 참고로 이 단어는 일본식 영어로 당초 미국이나 유럽에서는 중장년 시장의 단어로 사용된 바가 없다. 하지만 최근 유럽이나 아시아에서 이 일본식 영어 '실버'를 사용하고 있다.

2000년 전후로 '시니어'라는 단어를 많이 사용하기 시작했다. 이 시니어라는 영어에는 몇 가지 의미가 있다. 첫 번째가 '높은 순위나 지위'를 가졌다는 의미다. 회사에서 시니어 바이스 프레지던트라고 하면 프레지던트가 사장일 경우 '상급 부사장', 본부장일 경우에는 '상급 부본부장'이라는 뜻이 된다.

두 번째는 '연장자'라는 의미다. 사실 이 경우 시니어는 특정 연령을 지칭하지는 않는다. 시니어의 정의를 60세 이상으로 정의하는 경우가 있지만 이것은 어디까지나 편의상의 정의다. 미국에서조차 이 개념은 모호하다. 시니어넷의 회원 조건은 50세 이상인데, 패밀리 레스토랑의 시니어 할인 조건은 60세 이상이다. 또한 이런 의미의 연장선으로 머리글자를 대문자로 'Senior'라고 쓰면 가족 중에 같은 이름을 가진 사람이 있을 경우 연장자를 가리킨다. 예를 들면 전 미국 대통령 조지 부시의 부친으로 1990년대 걸프전을 지휘한 대통령을 조지 부시 시니어라 부른다.

세 번째로 고등학교나 대학교의 '최고학년'을 뜻한다. 고등학교를 시니어 하이스쿨이라 부르며 중학교를 주니어 하이스쿨이라 부르기도 한다. 이런 의미에서는 두 번째 용례와 유사하다.

:: 미국에서도 혼동되는 용어 '시니어'

이렇듯 시니어는 원래 높은 지위나 연장자라는 뜻만 있지, 특정 연령층을 뜻하지는 않는다. 하지만 시니어 시티즌senior citizen이라고 하면 미국에서는 흔히 65세 이상의 연령층을 가리킨다. 이 경우 일본어에서 말하는 '고령자'라는 의미와 매우 유사하다. 게다가 시니어 시티즌을 줄여 시니어라 부르는 경우도 흔하다. 이것이 일본인뿐만 아니라 미국인 사이에서도 시니어라는 단어의 개념이 모호해지고 있는 이유이다.

아마도 프랭클린 루스벨트 대통령이 미국에서 최초로 사회보험법을 성립시키기 위해 표준 은퇴연령을 65세로 정했을 때 시니어 시티즌이라는 단어를 사용하지 않았을까 추측해본다. 일본에서 고령자의 정의가 65세인 이유는 미국을 모방했기 때문이다.

이런 사정으로 현재 미국에서 시니어라는 단어는 '사회적 약자인 고령자'라는 뉘앙스가 강해 적극적인 의미로 사용되는 빈도가 줄고 있다. AARP에서는 시니어라는 단어를 최대한 자제하고 fifty plus^{50세} 이상, over fifty^{50세가 넘는 사람}, older adults^{연장자}, older American^{미국 국적의 연장자} 등의 표현을 쓰고 있다. 하지만 정작 'over fifty'라 불리는 사람들의 대다수는 고령자 단체라는 이미지가 강한 AARP를 꺼려해 회원으로 가입하지 않고 있다.

:: 서드에이지는 시니어를 대체할 명칭인가?

한편으로 미국에서는 시니어를 대신할 단어로 서드에이지^{third age}를 사용하는 사람도 있다. 하지만 이 단어를 사용하는 사람들조차 단어의 정의를 확실하게 내리지 못한다. 대상으로 삼는 연령층도 45세에서 65세까지라고 말하는 사람도 있거니와 40세만 넘으면 전부 서드에이지라고 말하는 사람도 있다. 참고로 이 서드에이지라는 단어는 프랑스어의 'Troisiéme Age^{세 번째 연대}'에서 유래했다. 원래 정의에 따르면 성인이 되기까지를 퍼스트에이지, 성인 이후를 세컨드에이지라고 부르며 그 후의 발전단계를 서드에이지라 부른다.

하지만 미국에서 이 단어를 사용하는 사람은 시니어라는 단어의 부정적 이미지가 싫어 그 대체어로 사용하는 것이 실상이다. 그리고 미국에서도 이 단어가 보편적으로 사용된다고 말하기는 어렵다. 프랑스를 중심으로 거의 유럽 전역을 무대로 시니어 대상 마케팅을 실시하는 시니어 에이전시라는 광고기획사가 있다. 예전에 이곳 사장인 장 폴 틀레구 씨와 이런저런 이야기를 나누었을 때 다음과 같이 질문한 적이 있었다.

"미국에서 시니어란 단어는 고령자라는 이미지가 강한데, 어째서 당신은 회사명을 '서드에이지 에이전시'라고 짓지 않았습니까?"

그는 다음과 같이 대답했다.

"유럽에서 '서드에이지'란 단어는 고루하고 진부해 아무도 사용하지 않습니다. 오히려 시니어 쪽이 유럽에서는 참신해 보이죠."

이 대화에서 분명히 알 수 있는 사실은 시니어든 실버든 서드에이지든, 이런 단어를 사용하는 사람들은 다들 자기 상황에 맞추어 쓰고 있을 뿐이라는 점이다. 그러므로 이들 단어를 사용하는 사람들이 어떤 의도로 사용하는지에 주목해야 한다.

일본에서도 지금까지 숙년, 환갑 세대, 어른, 성인, 새로운 성인 시대, 최근에는 그랜드 제너레이션 등 다양한 단어가 등장했다. 하지만 이들 단어 자체보다 그 단어를 사용하는 사람들이 얼마나 깊이 생각하고 행동하는지가 중요하다.

연령 마케팅에 신중하라

10 장
연령 마케팅에 신중하라

1 / 중장년을 대상으로 상품과 서비스를 제공할 경우 특정 연령에 한정
된 마케팅이 수용되는 경우와 그렇지 않은 경우가 있다.

2 / 해당자가 경제적 이점을 느낄 경우, 가령 시니어 할인 등은 특정 연
령을 부각시켜도 수용된다.

3 / 반대로 차별적 뉘앙스가 느껴지는 경우, 연령 마케팅은 거부당한다.
후기 고령자 의료제도가 전형적 사례다.

4 / 중장년층을 부르기에 적절한 명칭을 찾기란 어렵다. 지금까지 숙년,
환갑 세대, 어른, 성인, 새로운 성인 시대, 최근에는 그랜드 제너레이션
등 다양한 단어가 등장했다.

5 / 하지만 이런 단어를 사용하는 사람들은 다들 자기 상황에 맞추어 쓰
고 있을 뿐이다. 단어 자체보다 그 단어를 사용하는 사람들이 어떤 의도
로 사용하는지에 주목해야 한다.

제3부

미래의 시장을 견인할 시니어 시프트

에이지 프렌들리의 허와 실

11

:: 전 세계에 확산되고 있는 '에이지 프렌들리'

최근 몇 년 사이 일본뿐만 아니라 많은 나라에서 '에이지 프렌들리 Age-friendly'라는 단어가 눈에 띈다. 일본에서는 '고령자에게 친화적인' 으로 번역되는 경우가 많다.

에이지 프렌들리라는 단어가 최근 부쩍 눈에 띄는 이유 중 하나로 세계보건기구가 제창하는 'Age-friendly Cities' 캠페인이 확산되고 있다는 점을 들 수 있다. 이것은 '고령자가 살기 편한 도시'라는 콘셉트에 기초해 규정된 가이드라인을 따라 시민참가형 도시조성 계획을 진행하는 움직임이다.

또 한 가지 이유로는 일본뿐만 아니라 많은 나라에서 고령화가 진행되면서 이에 대응하는 상품이나 서비스, 점포 조성과 인프라 정비에 대한 의식이 높아지고 있다는 점을 들 수 있다.

이러한 '고령자에게 친화적인' 재화나 서비스, 인프라 조성의 움직임은 향후 더욱 진전될 사회의 고령화에 대한 대응책으로 환영받아 마땅하다. 그런데 '고령자에게 친화적인' 요소가 하나의 측면에만 편중될 때 빠지기 쉬운 함정이 있다.

:: 실패한 선시티

고령자에게 친화적인 마을 조성의 첫 번째 사례는 1960년 미국 애리조나 주에 건설한 '선시티Sun City'이다. 이 선시티는 입주자 연령을 55세 이상으로 제한한 최초의 입주 커뮤니티다. 연령제한 때문에 개설 당초 많은 논의가 있었지만 당시 55세 이상 세대와 젊은 세대의 동거를 내키지 않아 하는 사람들의 지지를 얻었고, 그 후 전미 각지에 유사한 커뮤니티가 몇 군데 확산되었다.

하지만 건설 이후 30~40년이 지나면서 다양한 문제가 발생했다. 가장 큰 문제는 커뮤니티 거주자가 전부 고령자가 되었다는 점이다. 입주 당시에는 55세 이상으로 한정하기는 했어도 활기가 있었는데 세월이 흐르면서 서서히 커뮤니티의 활기가 사라졌다. 가령 주민조합 대표가 새로운 제안을 내놓아도 "나는 앞날이 얼마 남지 않았으니 지금 상태에 만족한다"는 등 소극적인 태도로 대응하는 경우가 많다.

:: 고령자는 '고령자 친화' 서비스를 싫어한다

　고령자에게 친화적인 아이템의 맹점은 다른 사례에서도 찾아볼 수 있다. NTT 도코모의 '라쿠라쿠 폰'은 '고령자가 사용하기 편리한' 휴대전화의 선구자이다. 최초 모델이 나온 후로 지금까지 총 2200만 대 이상 팔렸지만 사실 초기단계에서는 그리 잘 팔리지 않았다. 소비자에게 알려지지 않았던 탓도 있지만 당초 모델은 유니버설 디자인을 전면적으로 채용해 고령자에게 기능면에서 편리한 조작을 내세운 제품이었다.

　확실히 화면의 글씨가 커서 잘 보였고, 조작 버튼도 커서 누르기 쉬우며 노안이라도 사용하기 편리하다는 평을 받았다. 또한 청력이 감퇴한 사람도 똑똑히 알아들을 수 있는 음성보정 기능도 있고, 아귀힘이 약해진 사람도 쥐기 편하고 잘 미끄러지지 않는 디자인 등 그때까지의 휴대전화에서 찾아볼 수 없는 뛰어난 기능을 가진 제품이었다.

　그런데도 정작 고령자들 사이에서는 라쿠라쿠 폰은 쓰기 싫다는 의견이 강했다. 그 최대 이유는 '제품 디자인이 노인네 같아서 가지고 다니면 노인 취급을 받기 때문에 싫다'는 것이었다. 주위에 노인으로 보여도 본인은 노인이라고 인식하지 않는 사람이 많다. 스스로를 노인으로 인식하더라도 아직은 자립해서 활기차게 생활할 수 있다면 주변 사람들에게 노인이라는 말을 듣거나 노인 대우를 받기 싫은 법이다.

NTT 도코모에서는 그 후 검토를 거듭해 고령자에게 친화적인 기능은 종래 이상으로 강화하고, 디자인 면에서 더욱 세련되고 젊어 보이는 모델을 개발했다. 그중 하나인 '라쿠라쿠 폰 베이직' 시리즈는 발매 이후 주력 모델로 자리 잡아 매달 매상 상위 10위권에서 빠지지 않을 정도로 인기 기종이 되었다.

라쿠라쿠 폰 사례의 시사점은 기능면에서 고령자에게 친화적이라 하더라도 디자인까지 고령자 친화적인 것의 효과는 의심해 보아야 한다는 사실이다. 고령자를 위한다고 획일적으로 말하지만 사실 서로 다른 다양한 측면에서 곱씹어보아야 한다.

:: 세월의 변화를 고려하지 않는 서양식 에이지 프렌들리

에이지 프렌들리는 원래 '어느 특정 연령층에게 친화성이 높다'는 의미다. 따라서 '특정 연령층'을 고령자로 국한하는 것은 아니다. 일본은 1960~70년대의 고도성장기에 전국 각지에 다마 뉴타운, 다카시마다이라 단지, 지사토 뉴타운 등 많은 주택단지를 건설했다. 이들 단지는 주로 당시 20대였던 단카이 세대의 주택 수요에 부응하기 위해 지은 곳이다. 당시에는 부부와 아이로 구성된 가족층이 구입 가능한 가격을 가장 중요한 고려 요소로 보았다. 때문에 조금 작은 방

2개와 거실, 식당이 딸린 구조가 일반적이었다. 현대의 집합주택에 비하면 상당히 좁지만 당시에는 그게 '당연한 표준'으로 받아들여졌다. 그 시절의 20대 가족층에게는 친화적이었으니 그런 의미에서는 에이지 프렌들리에 맞는 주택이었다.

하지만 입주 후 40년, 50년이 지나자 단지의 사양이 고령화된 입주자의 요구에 부합하지 않게 되었다. 건물 높이가 3층 이상인데도 엘리베이터가 없어 하반신이 약한 고령자가 오르내리기엔 힘들었다. 문턱도 높고 입구가 좁았으며 곳곳에 턱이 있었다.

이렇게 시간축 상의 어느 시점에서는 특정 연령층에게 친화성이 높아도 시간이 흐르면 친화성은 자연히 떨어진다. 그 이유는 커뮤니티 구성원인 단지 입주자가 나이를 먹어 신체기능 등 여러 면에서 변화를 겪으면서 커뮤니티의 건물, 인프라 역시 시간 경과에 따라 노후하기 때문이다.

다만 뉴타운 같은 대규모 주택단지는 일본 이외의 신흥국가에서도 많이 찾아볼 수 있다. 예를 들어 싱가포르에서는 국민의 80퍼센트가 HDB라 불리는 공영 고층주택에 산다. 홍콩에서는 좁은 땅에 고층, 초고층 주택이 군집해 있어 일본보다 건물 간격이 좁고 밀도도 빼곡하다. 이런 나라에서는 고령화 비율이 아직 10~11퍼센트 정도지만 일본 이상으로 저출산이 심해 20년 후에는 현재의 일본과 비슷해질 것이라는 예측이 나오고 있다. 그러므로 20년 후에 이들 국가의 주택단지에서 무엇이 문제가 될지는 쉽게 상상할 수 있다.

최근 일본 이외의 여러 지역에서 '에이지 프렌들리 커뮤니티'라는 단어를 종종 듣는다. 앞서 말했듯 에이지 프렌들리라는 표현은 서양에서 시작된 것으로 대부분의 경우 시니어 프렌들리의 의미가 강하다.

:: 에이징 프렌들리야말로 초고령사회에 필요한 개념

하지만 시니어 프렌들리의 결점은 앞서 말한 주택단지 입주자의 고령화 사례처럼 '시간의 경과에 따른 변화를 고려하지 않는다'는 점이다. 이것이 현재의 에이지 프렌들리 정책이 가진 또 하나의 맹점이다. 때문에 에이지 프렌들리가 아니라 개인, 건물, 인프라, 커뮤니티의 시대 흐름에 따른 변화ageing에 적응 가능한 에이징 프렌들리ageing-friendly야말로 초고령사회에 필요한 개념이다.

이 개념에 가까운 예로 지바 현 사쿠라 시에 있는 '유카리가오카' 단지를 들 수 있다. 유카리가오카는 1971년부터 개발에 착수해 40년 이상 흐른 지금도 다른 대규모 뉴타운과 달리 여전히 거주 인구가 증가하고 있다. 다른 곳과의 가장 큰 차이점은 커뮤니티의 인구 구성이다. 다른 대규모 뉴타운에서는 단카이 세대를 포함한 60대 이상 주민이 전체의 60~70퍼센트에 달하지만 유카리가오카에서는 25퍼센트

수준이다. 더군다나 모든 연령층이 비슷한 비율을 유지한다. 이는 특정 시기에 집중 개발하지 않고 시간축을 분산해 개발한 결과이다.

그 밖에도 혼자 살게 되면서 넓은 단독 주택에 애를 먹고 있는 사람들에게는 150만 엔 정도의 저렴한 비용으로 맨션으로 옮길 수 있는 서비스를 제공하거나, 육아 세대의 부담을 줄이기 위해 역 근처에 보육시설을 설치하고, 쇼핑이 어려운 고령자들을 위해 단지 내 셔틀버스를 운영하는 등 다양한 아이디어를 도입하고 있다.

유카리가오카는 특정 세대가 아니라 모든 세대에 친화적이고 모두가 안심하고 오래 살 수 있는 커뮤니티를 목표로 한다. 초고령사회의 도시조성 모델을 시사하는 선구적 사례라 할 수 있다.

POINT

11 장
에이지 프렌들리의 허와 실

1 / 일본뿐만 아니라 많은 나라에서 '에이지 프렌들리'라는 단어가 눈에
띈다. 일본에서는 '고령자에게 친화적인'으로 번역되는 경우가 많다.

2 / 기능면에서 고령자에게 친화적인 것이 디자인 면에서도 고령자에게
친화적이라는 보장은 없다.

3 / 주거 커뮤니티에서는 시간축 상의 어느 시점에서 특정 연령층에게
높았던 친화성이 시간이 흐르면서 점점 떨어진다.

4 / 서양에서 온 에이지 프렌들리의 개념은 시간의 경과에 따른 변화를
고려하지 않는다. 이것이 현재의 에이지 프렌들리가 가진 또 하나의 맹
점이다.

5 / 에이지 프렌들리가 아니라 개인, 건물, 인프라, 커뮤니티의 시대 흐름
에 따른 변화^{ageing}에 적응 가능한 에이징 프렌들리$^{ageing-friendly}$야말로 초고
령사회에 필요한 개념이다.

대가족으로의
회귀가 시작된다

12

:: **베이비붐 세대, 대이동의 시작**

"빨리 이 집에서 나가야지. 여기는 세금만 높고, 물가도 비싸고, 노후를 보내기엔 너무 힘들어."

미국 코네티컷 주 웨스트포트에 사는 조지 톰슨 씨의 말이다. 톰슨 씨는 1946년 생으로 미국의 베이비부머 세대 중에서도 최연장자에 속한다. 웨스트포트는 뉴욕에서 기차로 한 시간 거리에 있는 교외의 고급 주택지. 그들이 이주해온 30년 전에는 극히 평범한 주택지였다. 하지만 그 후 뉴욕과 가까운 이곳이 부유층이 사는 거리로 변하면서 주민세와 지방세, 재산세 등이 올라가 전부터 살던 사람들에게는 살기 힘든 장소가 되고 말았다.

"많은 퇴직자들이 다른 주에서 이곳으로 몰려들지만 우리는 이곳

179

대가족으로의 회귀가 시작된다

에서 살 수가 없다네. 불황 때문에 일자리가 사라졌어."

한숨을 쉬면서 무거운 입을 연 것은 플로리다 주 잭슨빌에 사는 데이비드 브랑코 씨. 브랑코 씨는 퇴직자가 노후를 보내는 리타이어먼트 커뮤니티 시설의 매니저로 일하고 있지만 두 달 후에 계약기간이 종료된다.

일 년 내내 기후가 온난한 플로리다 주는 미국에서 퇴직 후에 노후를 보낼 장소로 손꼽히는 곳이다. 그런데 최근 상황이 바뀌고 있다. 전에는 해변가의 멋진 리타이어먼트 커뮤니티에 유복한 고령자들이 많이 살았지만, 리먼 사태 이후로 빈집이 많이 보이기 시작했다. 미국인은 금융자산을 주식이나 투자신탁으로 보유하는 경우가 많아 주가 하락으로 보유한 금융자산 가치가 폭락하자 플로리다의 고급 리타이어먼트 커뮤니티에서는 노후 생활을 꾸려나갈 수 없게 된 것이다.

:: 시니어가 이동한다

지금 미국에서는 베이비부머의 '대이동'이 시작되고 있다. 이동에는 세 가지 타입이 있다. 첫 번째는 지금 사는 곳보다 세금이나 생활비가 적게 드는 곳으로 가는 이동. 두 번째는 광대한 초지가 있는 큰 집에서 더 작은 집으로 옮기는 이동, 소위 말하는 다운사이징이다.

그레이마켓이 온다

미국에는 일본과 달리 정년이 없다. 그렇지만 회사원은 대개 60세에서 65세 사이에 퇴직한다. 연금은 나오지만 일부 기업을 제외하면 연금수입만으로 유유자적 살 수 있는 사람은 많지 않다.

또 국가가 보장하는 보험제도가 없는 미국에서는 65세 이상 시니어와 저소득층을 위한 의료지원을 제외하면 공적 의료보험이 없다. 때문에 자비로 민간보험에 가입하는데, 요양보험 등 고령자 대상 보험은 금액도 비싸다. 평균 수명은 늘고, 세금과 의료, 요양비용도 증가하는데 수입은 늘어날 기미가 없다. 이런 사정 때문에 비용을 낮춰도 생활의 질은 크게 낮출 필요가 없는 장소로 이동하기 시작하는 것이다.

:: 대가족으로 회귀하는 미국

세 번째 타입은 세대별로 독립해 따로 살고 있다가 부모-자녀 2세대 혹은 부모-자녀-손자 3세대 등 '다세대 가족'이 함께 살 수 있는 집으로 이동하는 경우다. 다세대 가정이란 복수 세대가 한 지붕 아래 함께 사는 형태를 말한다. 최근 조사에 따르면 향후 10년 사이에 미국 세대의 3분의 1이 다세대 가정이 될 것이라 한다.

대부분 핵가족으로 부모와 자녀가 각각 따로 사는 습관이 강한 미국에는 일본의 일반적인 2세대 주택은 거의 없다는 이미지가 강하다. 하지만 지방 도시에는 2세대, 3세대 주택이 상당수 존재한다. 클리블랜드 주택지는 단일세대 주택과 2세대 주택이 혼재된 곳이다.

미국의 2세대 주택은 일본과 마찬가지로 1층에 부모 세대가 살고, 2층에 자녀 세대가 사는 형태가 일반적이다. 입구는 두 군데로, 나란히 붙어 있는 경우도 있으며 따로 설치되어 있는 경우도 있다. 이것 역시 일본에서 흔히 볼 수 있는 구조다.

반대로 일본과의 차이점은 3층이 다락방으로 각각의 세대가 함께 이용하는 공간이라는 점이나, 지하실이 있어 냉난방 기기와 세탁기를 두거나 창고로 쓴다는 점이다. 또한 면적도 일본보다 넓다. 일본 수도권의 단독주택 면적은 100제곱미터 안팎이지만 클리블랜드에서 본 주택은 200제곱미터 안팎이었다. 여기에 주차장과 정원을 넣으면 260제곱미터 정도. 일본의 수도권 주택에 비하면 상당히 넓다. 중고 물건의 경우 이 정도 주택이라면 지대를 포함해 9만 달러 정도다. 1달러 기준 80엔으로 어림잡아도 720만 엔이다. 중고의 경우 개보수 비용이 가산되므로 값은 더 올라가지만 그것을 감안하더라도 저렴한 편이다. 이러한 2세대 주택에 3세대가 함께 사는 경우도 많다. 그 경우 세대당 비용은 더욱 떨어진다.

미국은 대도시를 제외하면 일반적으로 땅이 넓고 가격도 싸다. 독립적 성향이 강해 세대별로 사는 습관을 가진 미국인이 어째서 다세대 주택을 선호하는가? 젊은 세대의 경제적 이유가 원인이다. 도시

표 12-1 세대주 연령별 연간소득 2000년과 2010년 비교

출처 : 후생노동성 '2010년 국민생활 기초조사' 무라타 어소시에이츠 작성

에 비해 상대적으로 물가가 싼 지방이라도 젊은 세대가 주택을 사기는 어려운데, 이유는 일자리가 감소하고 있기 때문이다. 산업공동화, 경기침체, 농업인구 감소로 지방도시에서는 청년층의 취업 기회가 줄고 있다.

:: 일본에서도 산업공동화가 청년층의 소득 수준을 떨어뜨린다

여기까지 미국의 사례를 듣고 일본과 비슷하다고 생각한 독자가 많을 것이다. 산업공동화, 경기침체, 산업인구 감소로 청년층의 취업

기회가 줄고 있는 것은 일본도 마찬가지다.

일본의 경우 지속되는 엔고에 더해 2011년 대지진 이후 에너지 불안까지 겹쳐 제조업의 해외 이전이 가속되고 있다. 이러한 산업공동화의 진전과 계속되는 디플레이션이 일본의 소득 수준을 떨어뜨리고 있다.

표 12-1은 2000년과 2010년 세대주 연령별 연간소득을 비교한 자료다. 이 10년 동안 각 연령층에서 연간 소득이 줄었다는 사실을 알 수 있다. 가장 금액이 많이 떨어진 것은 50대로, 819.3만 엔에서 731.9만 엔으로 87.4만 엔이나 떨어졌다.

하지만 정말 심각한 것은 29세 이하의 연령층이다. 338.3만 엔에서 301만 엔으로 감소폭은 50대보다 적은 37.3만 엔이지만 연수입 301만 엔이라는 수준은 70세 이상 세대주의 406.5만 엔보다 100만 엔 이상 적다.

:: 소득 저하가 대가족화를 촉진한다

이러한 소득 저하, 특히 청년층의 소득 저하는 일본의 가족 형태에 어떤 변화를 가져올까? 결론부터 말하면 미국과 똑같은 현상, 즉 대가족화가 가속될 것이다.

지금까지 일본의 역사를 돌아보면 소득이 낮을 때는 대가족을 이루는 경향이 있다. 다이쇼 시대^{1912년부터 1926년} 이전, 소득 수준이 낮았을 무렵에는 3세대 대가족이 한지붕 아래 사는 형태가 일반적이었다. 쇼와 시대^{1926년부터 1989년}에 접어들어 공업화의 파도가 전 일본을 휩쓸었고 많은 지방 인구가 보다 높은 소득을 찾아 농가를 물려받지 않고 지방에서 도시로 이동했다. 이것을 계기로 대가족이 해체되었고 도시에서는 핵가족이 증가했다.

더욱이 제2차 세계대전 후 고도성장기인 1960~70년대에는 단카이 세대를 포함한 다수의 지방출신자들이 취직을 위해 도시로 이동했다. 그들이 결혼해서 세대를 이루고 사택에서 살다가 자가 주택으로 옮길 때 수도권에서 가장 많이 몰린 곳이 16번 국도 주변이었다. 근무지는 도심이지만 도심에 집을 사지는 못 하고 근무지에서 1시간~1시간 30분가량 떨어진 곳에 집을 산 것이다.

하지만 고도성장기 말기인 1980년대 후반 거품경제기에 접어들면서 2세대 주택이 증가했다. 이 시기는 거품경제로 부동산 가격이 최고치였을 때로 자녀 세대가 독립해서 단독주택을 사기가 어려웠다. 때문에 이러한 동거 형태에 가까운 2세대 주택이 증가했다. 2세대 주택에는 다양한 형태가 있다. 1층과 2층을 세대별로 나누는 경우도 있고 하나의 집을 세로로 나누어 양쪽 세대를 벽으로 구분하고 두 개의 입구를 만드는 형태도 있다.

대가족으로의 회귀가 시작된다

그 후 거품경제가 끝나고 토지 가격이 하락하자 이번에는 자녀 세대가 독립해 단독주택을 사게 되었다. 그런데 따로 살기는 하지만 부모와 자녀 세대가 전철이나 자동차로 대략 30분 이내에 오갈 수 있는 거리에 사는 근접거주라는 형태가 증가했다. 근접거주는 거품경제 붕괴 후인 1990년대 후반에 증가했다. 표 12-2는 2006년 자료지만 사실 기혼자의 절반 이상이 근접거주 형태를 취하고 있다.

근접거주는 이점이 많다. 함께 살 때는 서로 눈치를 보느라 스트레스가 쌓이지만 근접거주라면 따로 사는 것이므로 스트레스가 줄어든다. 한편 신체능력이 감퇴하는 부모 세대는 자녀가 가까운 거리에 있으면 위급할 때 도움을 받을 수 있어 마음이 놓인다. 손자도 자주 만날 수 있고 교류도 쉽다.

한편 자녀 세대에게도 이점이 많다. 먼저 육아에서 도움을 받을 수 있으며 식비 등 생활비를 도움받기도 쉽다. 또한 아이를 두고 잠깐 외출하고 싶을 때 아이를 맡길 수도 있다.

이렇게 보면 가족의 주거 형태는 경제 사정에 따라 변화한다는 것을 알 수 있다. 경제 사정에 따라 하나의 집에 함께 살거나 따로 산다. 다만 주의해야 할 점은 최근의 대가족은 옛날의 대가족과는 다른 형태라는 사실이다.

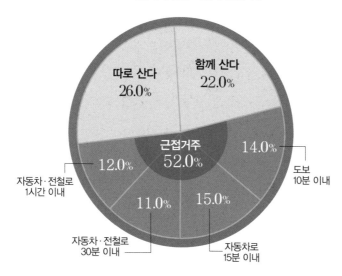

표 12-2 기혼자의 절반 이상이 근접거주

함께 산다
22.0%

따로 산다
26.0%

근접거주
52.0%

14.0%
도보
10분 이내

12.0%
자동차·전철로
1시간 이내

11.0%
자동차·전철로
30분 이내

15.0%
자동차로
15분 이내

출처 : 국토교통성 '2006년 기혼자와 부모의 거주 형태 조사'

:: 가까이 사는 느슨한 대가족

이렇게 부모 세대와 자녀 세대가 가까운 지역 안에 살면 함께 살지는 않지만 부모, 자녀, 손자의 3세대가 대가족처럼 함께 행동할 기회가 증가한다. 나는 이것을 '느슨한 대가족'이라 부른다. 느슨한 대가족은 함께 살지 않으므로 부모와 자식, 혹은 부모와 손자가 직접 얼굴을 맞대는 '횟수'는 줄지만 덕분에 직접 얼굴을 마주했을 때의 커뮤니케이션 '밀도'는 높아진다. 즉 얼굴을 마주했을 때 상대와 깊이

대가족으로의 회귀가 시작된다

교류하려는 마음이 생기며, 그럴 때 가까이 살기 때문에 함께 행동할 기회가 많아진다. 이렇게 부모, 자녀, 손자 3세대가 함께 쇼핑이나 외식, 관광을 함으로써 새로운 소비가 발생하고, 결과적으로 부모인 시니어 세대의 소비 지출이 촉진된다.

느슨한 대가족에서는 가족 전부가 함께 살지는 않기 때문에 서로 기념일을 축하하거나 그 답례를 하는 등 가족 이벤트에 주력하는 경향이 있다. 한편 이러한 '대가족'의 잦은 외출은 미니밴 등 탑승 인원이 많은 이동수단의 수요도 낳는다.

또한 따로 살면 오히려 빈번히 연락을 취하게 되므로 전화, 팩스, 인터넷의 수요도 증가한다. 느슨한 대가족은 함께 살지 않고 서로 일정한 거리를 유지함으로써 오히려 커뮤니케이션 밀도가 높아지는 것이다. 이것이 새로운 수요를 낳는 배경이 된다.

:: 심화하는 '손주 비즈니스'

일정한 관계성을 보이는 느슨한 대가족은 부모 세대가 자녀 세대와 지리적으로 가까운 거리에 살므로 손주와의 교류 기회가 증가한다. 이에 착안한 '손주 비즈니스'가 다시 각광을 받고 있다.

종래의 손주 비즈니스 시장은 손자나 손녀의 탄생을 계기로 아기 침대나 유모차 등 육아용품으로 시작해, 유치원이나 초등학교 입학을 계기로 가방 책상 등 학습 도구, 어린이 행사 축하품 등이 전형적인 모델이었다. 하지만 최근의 손주 비즈니스는 가령 3세대 동거를 염두에 둔 주택이나 3세대가 함께 즐길 수 있는 장난감, 여행상품, 유원지 등 종래의 상품 영역을 벗어나 확장되고 있다.

1장에서 소개한 리카 인형에 할머니가 등장한 것이 좋은 예다. 할머니가 손주들과 인형놀이를 할 때, 예전에는 인형 가족 중에 할머니 인형이 없어 소꿉놀이에 끼지 못해 섭섭했지만 '할머니 인형'이 들어오면서 가족을 한 명 더 얻은 것 같아 마음이 놓인다는 것이다. 발매처인 다카라토미에 따르면 할머니와 손주가 함께 리카 인형 매장을 찾아 인형을 고르는 모습이 자주 보이자 적극적인 판매를 위해 이해하기 쉬운 심벌 같은 존재가 필요하다고 판단, 할머니 인형을 도입했다고 한다.

도쿄 메지로 근처의 고급 호텔 포시즌스 하루야마 장에서 열린 오케스트라 연주회는 손주와 함께 즐기는 클래식 공연이었다. 일반적으로는 어린아이가 들어갈 수 없는 연주회가 많지만 이 연주회는 손주와 함께 식사를 하며 좋아하는 클래식을 즐길 수 있는 상품이었다. 가격은 식사 포함 조부모가 1인당 1만 3000엔. 초등학생 이하의 손주는 1인당 3500엔. 매회 약 서른 가족이 참가한다. 손주의 정서함양을 돕고 싶은 마음도 물론 있지만 본인도 예술을 즐기고 싶은 것이 조부모의 본심이다. 손주를 위해서라면 다소의 지출은 아깝지 않고, 손주 덕에 이런 연주회를 보러 갈 기회도 생긴다. 보통은 지갑을 단단히 졸라매는 시니어라도 손주와 함께 행동할 때는 달라진다.

미국에서는 조부모와 손주가 함께 행동하는 것을 그랜드 페어런팅 grand parenting이라 부른다. 그랜드 페어런팅 가운데 가장 왕성한 활동이 함께하는 여행이다. 일본에서는 초등학교 고학년이 되면 조부모는커녕 부모와 함께 여행할 기회마저 줄어든다. 하지만 미국에서는 조부모가 고등학생쯤 되는 손주와 함께 여행을 떠나는 일도 흔하다.

:: 스마트 시니어와 청년층의 교류

내가 1999년에 '스마트 시니어'라는 콘셉트를 제창했을 당시 스마트 시니어의 정의는 '인터넷을 자유자재로 활용해 정보를 수집하고, 적극적인 소비행동을 취하는 선진 시니어'였다. 그 후 예상대로 스마트 시니어의 증가로 많은 시장이 변화했다. 하지만 인터넷 기술의 진화는 '자신의 지혜를 현명하게 사회에 공헌하는 시니어'라는 새로운 스마트 시니어 상을 창출하고 있다. 이는 나의 예상을 훨씬 뛰어넘은 발전이다.

미국 로스앤젤레스에 거주하는 94세 여성 바바라 쿠퍼 씨가 하는 '할머니의 인생상담 Ask Grandma Anything'이 좋은 예다. 이것은 인터넷을 통해 들어온 다양한 상담에 바바라 할머니가 동영상으로 대답해주는 서비스인데, 재미있는 점은 전 세계에서 상담이 접수된다는 사실이다. 이것은 인터넷이 세계 곳곳에 보급되어 생활 인프라가 되었기 때문에 가능한 일이다.

더욱 재미있는 사실은 특히 청년층이 많이 상담한다는 점이다. 주된 이유는 '할머니의 인생상담'이 일반적인 블로그 외에 동영상 서비스인 유튜브, 짧은 블로그 형태인 트위터, 전 세계 7억 명이 사용한다는 페이스북이라는 소셜미디어를 구사해 정보를 송신하고 있기 때문으로 보인다. 이러한 소셜미디어는 현시점에서는 청년층이 압도적으로 많이 사용한다. 그러므로 '할머니의 인생상담' 접속자 중에 청년층이 많은 이유도 쉽게 짐작해볼 수 있다.

:: 소셜미디어로 가까워지는 조부모와 손주

하지만 아무리 소셜미디어 이용자의 중심이 청년층이라 해도 콘텐츠가 재미없으면 지속적으로 찾아가지 않는다. 예상대로 상담 동영상을 자세히 보니 많은 청년들이 거듭 접속하는 이유는 단순히 지식면에서 조언을 얻고자 하는 이유가 아니었다.

동영상에는 어떤 상담에도 유머를 섞어가며 상냥하게 대답해주는 바바라 할머니의 모습이 나온다. 할머니가 남편과 부드럽게 포옹을 하거나 키스하는 모습 등 미국인다운 광경도 흐뭇하다. 이용자들은 할머니의 이런 발언이나 동작을 통해 그녀의 인격을 느끼고 거기에서 힐링 효과를 느낀다. 이런 입체적인 커뮤니케이션은 과거 10년 사이에 일어난 브로드밴드, 동영상, 디지털비디오라는 도구의 진화로 가능해졌다.

그런데 바바라 할머니의 지혜를 동영상에 담아 인터넷에 올리는 것이 그녀의 두 손녀라는 점도 놓쳐서는 안 된다. 바바라 할머니가 아무리 훌륭한 지혜를 가지고 있어도 손녀들의 지원이 없었다면 그것이 전 세계에 전해지진 못했을 것이다. 게다가 기특하게도 손녀들은 할머니에게 부탁을 받아 억지로 하는 것이 아니다. 자랑스러운 할머니의 지혜를 인터넷으로 전해 전 세계에서 반응을 얻으며 새로운 발견과 보람을 느끼고 있다는 점이 가장 중요한 사실이다.

:: 윤택한 고령사회란 고령자만 풍족해지는 사회가 아니다

이런 시스템은 고령자와 청년들의 협동작업을 통해 지혜의 공유를 촉진하는 다양한 가능성을 제시한다. 윤택한 고령사회란 고령자만 풍족해지는 사회가 아니다. 윤택한 고령사회란 이질적인 세대가 서로 사이좋게, 협조를 통해 쌍방 세대의 관계성이 윤택해지는 사회다. 바바라 할머니와 손녀들의 협동작업은 이런 사실을 새삼 실감하게 해준다.

앞서 미국과 일본에서는 산업공동화, 경기침체, 농업인구 감소로 청년층의 취업 기회가 줄고 다세대 가정이 증가한다고 했다. 한편으로 다세대 가정의 증가는 흩어져 있던 핵가족이 과거의 대가족으로 회귀한다는 사실을 뜻한다.

일본은 세계에서 가장 빠른 초고령사회이고, 일본만큼 빠르지는 않지만 미국 역시 고령화가 진행되어 고령세대 보호에 대한 필요성이 커지고 있다. 하지만 대가족이라면 가족끼리 서로 돌보기도 쉽다. 대가족으로의 회귀를 통해 가족 간의 유대는 더욱 강해질 것이다. 또한 가족이 많은 만큼 1인당 요양비 부담도 줄어든다. 긍정적으로 보면 좋은 점이 많다.

12 장
'대가족'으로의 회귀가 시작된다

1 / 미국에서는 베이비부머의 '대이동'이 시작되고 있다. 특히 세대별로 독립해 살고 있던 가족이 한 집으로 모이는 '다세대 가정'이 눈에 띈다.

2 / 미국에서 다세대 가정이 증가한 이유는 청년층의 소득 저하 때문이다. 이는 일본에서도 마찬가지 현상이므로 향후 일본에서도 미국처럼 대가족화가 가속될 전망이다.

3 / 1990년대 후반부터 이미 도시를 중심으로 부모 세대와 자녀 세대가 근거리에 살았으며, 함께 살지는 않지만 부모, 자녀, 손자의 3대가 대가족처럼 함께 행동하는 경우가 증가하고 있다.

4 / 이러한 '느슨한 대가족'에서는 3대가 함께 쇼핑이나 외식, 관광을 나서는 새로운 소비형태가 발생한다.

5 / 다세대 가정의 증가는 흩어져 있던 핵가족이 과거의 대가족으로 회귀한다는 사실을 뜻한다. 이를 통해 가족 간의 유대는 더욱 강해질 것이다.

13
'빨간 내복'이 팔리지 않게 되는 날

:: **어르신들이 스가모 지조도리 상점가를 좋아하는 이유**

도쿄 스가모의 지조도리 상점가는 어르신들에게 인기 있는 장소다. '족집게 지장보살'로 유명한 고암사高岩寺를 중심으로 할머니들이 좋아하는 가게가 빼곡히 늘어서 있어 '할머니들의 하라주쿠'라 불린다. 어째서 노인들이 이곳에 모여드는가? 그 이유 중 하나는 고암사 '족집게 지장보살'의 영험한 효험 때문이다.

에도 시대, 무사 다무라 마타시로의 아내가 병을 앓아 빈사에 처했을 때, 마타시로가 잠결에 머리맡에 선 지장보살의 계시에 따라 지장의 모습을 새긴 종이 1만 장을 강에 뿌리자 아내의 병이 나았다고 한다. 이것이 절에서 나눠주는 그림의 유래다. 그 후 모리 가문의 여인이 실수로 바늘을 삼켰을 때 지장보살 그림을 먹고 바늘을 토해냈는데, 그때 토해낸 바늘이 그림에 꽂혀 있었다는 전승이 내려온다. '족집게 지장'이라는 통칭은 이 구전에서 유래한 것이다.

이 전승에서 다른 질병 치료에도 효험이 있다는 믿음이 생겨나 나이 든 어르신들을 중심으로 족집게 지장을 찾는 참배객이 끊이지 않는다. 본존 그림을 지갑이나 카드지갑에 넣어 한시도 몸에서 떼어놓지 않고 가지고 다니면 좋다고 하는데 이를 목적으로 찾아오는 사람도 많다.

노인들이 스가모 지조도리 상점가를 찾는 또 하나의 이유는 쇼핑이다. 그리운 옛날 과자나 일용품도 풍부하지만 역시 스가모를 상징하는 것은 마루지의 '빨간 내복'이다. 12지신이나 회춘을 상징하는 디자인을 넣은 빨간 내복은 할머니들에게 여전히 인기다.

할머니들이 이 빨간 내복을 사는 이유는 무엇일까? 바로 건강에 좋다는 미신 때문이다. 빨간 내복은 배꼽 위까지 올라오는 디자인으로, 이것은 배꼽 아래에 있는 단전을 가려주므로 몸이 따뜻해져 자연치유력을 높여준다고 한다. 또한 여성이 붉은 옷감을 몸에 두르면 평생 하반신 질환을 앓지 않는다는 미신도 있다.

하지만 이러한 미신을 믿는 것은 특정 세대뿐이다. 다이쇼 시대에 태어난 나의 모친은 빨간 내복 애용자다. 내가 어렸을 때 시골에서 올라온 농가의 할머니들도 빨간 내복을 입고 있었던 기억이 있다. 그 할머니들은 메이지 시대 1868년에서 1912년에 태어난 사람들이다. 내가 아는 범위에서 빨간 내복을 애용하는 사람은 메이지에서 쇼와 초기인 1935년 이전에 태어난 세대뿐이다.

:: 2025년, '빨간 내복 세대'는 스가모에 쇼핑하러 갈까?

여기에서 한 가지 의문이 생긴다. 이 '빨간 내복 세대'는 언제까지 빨간 내복을 사러 스가모 지조도리 상점가에 갈 것인가?

표 13-1은 2025년 여성인구 구성 추계치를 나타낸 자료이다. 표에는 요양 필요 인구의 추정치도 나와 있다. 참고로 이 추정치는 2009년 요양 필요 승인률 실적치를 기초로 미승인 데이터도 고려해 내가 추계한 자료이다.

'빨간 내복 세대'의 최연소자를 1935년생으로 볼 때, 이들은 2010년에는 75세지만 2025년에는 90세가 된다. 표 13-1을 보면 90세 이상 여성의 대부분이 요양을 필요로 하므로 자력으로 스가모까지 갈수 있는 사람은 대단히 적다. 사실 요양이 필요한 상태에서는 내복이 아니라 기저귀를 사용하는 빈도가 증가하므로 빨간 내복의 수요는 점점 더 줄어든다.

한편 1935년 이후에 태어난 사람들은 세대의 기호가 다르므로 처음부터 빨간 내복을 애용하지 않는다. 따라서 무병장수를 바라며 스가모 지장보살을 찾아도 스가모 지조도리 상점가에서 빨간 내복을

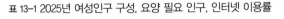

표 13-1 2025년 여성인구 구성, 요양 필요 인구, 인터넷 이용률

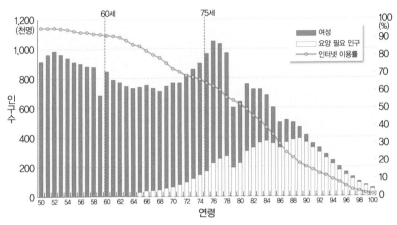

출처 : 국립사회보장·인구문제연구소 2012년 1월 통계에서 발췌, 무라타 어소시에이츠 작성, 요양 필요 인구, 인터넷 이용률은 무라타 어소시에이츠 추계

사지는 않는다.

또한 가령 빨간 내복을 좋아하더라도 1935년 이후에 태어난 세대는 2025년에 인터넷 이용률이 상당히 높아진다. 도표 13-1의 데이터처럼 75세에서 80세 사이의 여성도 인터넷 이용률이 50퍼센트를 넘어설 전망이므로 보행이 어려울 경우 굳이 스가모까지 갈 필요 없이 인터넷으로 살 것으로 예상된다. 그렇다면 점점 더 스가모 상점가까지 갈 이유가 사라진다.

반면 빨간 내복 세대는 딸에게 그 효험을 들려주며 내복을 사주는 경우도 흔하다. 부모에게 빨간 내복을 선물받은 '세미 빨간 내복 세대'는 어떻게 될까? 어머니와의 나이 차를 20세 내지 30세로 볼 때 '세미 빨간 내복 세대'의 최연소자는 1955년에서 1965년 사이에 태어난 셈이 된다. 이 연령층의 여성들은 2025년에 60세에서 70세 사이가 된다. 이 여성들의 대부분은 아직 요양이 필요하지 않아 자립 생활이 가능하므로 자력으로 스가모에 갈 수 있다. 하지만 그런 사람들은 소수로 예상된다.

:: 단골손님의 고령화와 함께 사라질지도 모를 미쓰코시 본점

이제 빨간 내복 세대가 계속 고객이 될 시간이 얼마 남지 않았다는 것은 충분히 납득되었을 것이다. 이해를 돕기 위해 빨간 내복을 예로 들었지만 사실 이 이야기는 2012년 현재, 시니어를 핵심 고객으로 장사를 하는 기업 전반에 해당된다.

가령 니혼바시의 유명 백화점인 미쓰코시 본점만 해도 이 경우에 해당된다. 백화점이 쇠퇴한 지 이미 오래되었지만 미쓰코시 본점은 부유한 고령자들에게 절대적인 인기를 누리고 있어 다른 백화점의 선망의 대상이다. 참고로 이 미쓰코시 본점은 시니어 시프트라는 단어가 등장하기 훨씬 전부터 시니어 시프트를 실천한 시니어 비즈니스의 상징 같은 존재다.

하지만 텔레비전이나 신문잡지에 게이오 백화점이나 다이신 백화점처럼 '시니어가 좋아할 만한 가게'로 나오는 일은 절대 없다. 시니어가 좋아할 만한 가게라는 딱지가 붙으면 젊은 고객이 방문을 꺼리기 때문이다.

그렇지만 실제로 찾아가보면 철저한 시니어 시프트 매장이다. 우선 백화점의 인테리어가 고풍스럽다. 건물 뼈대가 오래되기도 했지만 고객 연령층에 맞추어 일부러 고풍스럽게 꾸민 것처럼 보인다.

상징적인 것은 본관 7층에 있는 '특별식당 니혼바시'이다. 특별식당이라는 이름 자체도 고풍스럽지만 내부 인테리어도 1960년대 백화점의 대식당 분위기를 그대로 유지하고 있다. 그리고 무엇보다 미쓰코시 본점의 자존심을 느낄 수 있는 것이 런치 최저가가 2000~3000엔으로 비싼 편임에도 불구하고 상당히 많은 손님이 찾는다는 사실이다. 다만 대부분의 손님이 고령자로, 혼자 오는 경우도 많다. 그 외에는 고령자 부부나 딸과 함께 온 고령의 부인이 눈에 띈다.

이 특별식당의 풍경은 다른 백화점에서는 거의 찾아볼 수 없는 미쓰코시 본점만의 광경이다. 나는 어지간히 특별한 사정이 아니고서는 특별식당에 가지 않지만 대부분의 고객이 재방문객이다. 이곳 말고도 더 화려하고 가격 대비 맛과 서비스가 좋은 레스토랑은 니혼바시 부근에 얼마든지 있지만, 손님들은 미쓰코시 본점을 좋아하는 것이다.

바꾸어 말하면 이런 수준 높은 고령 고객인 '미쓰코시 본점의 팬'이 자력으로 가게에 오지 못하게 된다면 스가모의 빨간 내복과 마찬가지로 미쓰코시 본점도 사라질지 모른다. 아마 그렇게 되기 전에 대규모 인테리어 공사로 활력을 되찾은 미쓰코시 긴자점처럼 본점도 대규모 인테리어 공사를 할 것이다. 다만 경영상 그 타이밍을 맞추기가 어렵다. 시장의 흐름은 경영자의 생각 이상으로 빠르기 때문에 늦지 않기를 바랄 뿐이다.

:: 지금 잘 팔린다고 10년 후에도 잘 팔린다는 보장은 없다

이처럼 지금 현재의 시니어를 핵심 고객으로 하는 장사가 잘된다고 10년 뒤, 20년 뒤에도 잘된다는 보장은 없다. 앞서 말했듯이 고령 세대에서는 서서히 자립생활이 어려워지는 사람들이 증가한다는 점과 인터넷 이용률이 높아져 실제 점포가 아니라 온라인 쇼핑을 할 기회가 증가한다는 점, 세대의 기호가 다르다는 점 때문이다.

따라서 현재 자립한 시니어층을 주요 고객으로 장사를 하는 기업은 향후 10년, 20년 뒤를 내다보고 다음 세대의 고객층을 개척해야만 한다. 그러기 위해서는 그 고객층의 수요에 맞춘 상품, 매장 정비, 상품과 서비스의 개발에 부단한 노력을 기울여야 한다. 시니어 시프트에 끝은 없다.

13 장
'빨간 내복'이 팔리지 않게 되는 날

1 / 어르신들에게 인기 있는 도쿄 스가모 지조도리 상점가를 찾는 노인들은 마루지의 빨간 내복을 사러 오는, 일명 '빨간 내복 세대'이다.

2 / 그렇지만 2025년에는 이 빨간 내복 세대의 대부분이 스가모 지조도리 상점가를 찾기 힘들 것이다. 대다수가 90세를 넘어 요양을 필요로 할 것으로 예상되기 때문이다.

3 / 사실 이 이야기는 2012년 현재 시니어를 핵심 고객으로 장사하는 기업 전반에 해당된다. 예를 들어 니혼바시의 유명 백화점인 미쓰코시 본점도 이 경우에 해당된다.

4 / 따라서 현재 자립한 시니어층을 주요 고객으로 장사하는 기업은 미래를 내다보고 다음 수단을 강구해야만 한다. 시니어 시프트는 끝나지 않는다.

세계 시장을 움직일 시니어 시프트

:: 세계가 주목하는 일본의 시니어 비즈니스

일본의 고령화율_{총인구에서 65세 이상 인구가 차지하는 비율}은 2012년 현재 추계로 24.1퍼센트에 달한다. 이 수치는 세계 최고치이다. 세계 각국이 '초고령사회 일본'의 동향을 주목하고 있다.

나는 지난 2년 동안 미국, 영국, 독일, 스위스, 한국, 싱가포르, 홍콩에서 개최된 국제회의와 컨퍼런스에 수차례 초청강사로 참석했다. 또한 EU나 스웨덴 대사관, 이탈리아 대사관의 강연회에 초청받을 기회도 몇 차례 있었다. 더욱이 미국, 영국, 스웨덴, 덴마크, 브라질, 싱가포르, 홍콩, 중국의 미디어에서도 수차례 취재를 받았다.

이런 강연이나 취재에서 공통된 관심사는 일본의 고령화에 수반된 과제와 그 해결책에 대한 의견 청취였다. 국제회의에서는 항상 일본과의 비교 사례나 일본 이야기가 등장해 일본에 대한 높은 관심을 피부로 느꼈다.

또한 특히 최근에는 스웨덴이나 덴마크처럼 일본이 선망하던 선진 복지국가로부터 일본의 시니어 비즈니스 동향에 대한 질문을 받는 기회가 늘어 깜짝깜짝 놀란다.

이렇게 전 세계가 주목하는 이유는 좋으나 나쁘나 일본이 고령사회에 하나의 '쇼케이스'가 되었기 때문이다. 연금 등 사회보장 과제만이 아니라 개인의 건강이나 생활설계 수요에는 '세계 공통' 요소가 많다. 그러므로 일본을 차분히 바라보면 자국의 근미래가 보이고 자국에서 문제가 현실화되기 전에 대책을 마련할 수 있다.

하지만 이 세계 최초의 초고령사회 일본에서도 '인구동태 시니어 시프트'에 비해 '기업활동 시니어 시프트'는 일부 기업과 업종을 제외하면 뒤처진 편이다. 이 책에서 지금까지 설명했듯 지금 겨우 기업활동 시니어 시프트가 본격적으로 진행되는 단계이다. 그렇지만 전 세계를 통해 이 정도로 기업활동 시니어 시프트가 활발한 국가는 일본 말고는 아직 찾아볼 수 없다.

:: '기업활동 시니어 시프트'는 모든 국가의 과제다

UN의 정의에 따르면 고령화율이 7퍼센트를 넘으면 '고령화사회', 14퍼센트를 넘으면 '고령사회'라 한다. 참고로 21퍼센트를 넘으면 '초고령사회'라고 하는데 일본은 2007년 이후 초고령사회에 진입했다. 독자들은 2030년까지 아프리카나 중동을 제외한 세계 대부분의 국가가 고령화사회에 돌입한다는 사실을 알고 있는가? 세계정세는 점점 더 복잡해지고 있지만 세계 각국에서 인구동태 시니어 시프트라는 구조적 변화는 확실하게 일어나고 있다.

따라서 일본에서 본격화된 기업활동 시니어 시프트는 앞으로 다른 국가에서도 인구동태 시니어 시프트에 뒤이어 일정한 시간차를 두고 반드시 발생한다. 특히 고령화율이 높은 유럽에서는 가까운 장래에 반드시 나타날 것이다.

나는 미국에서 일본의 고령화에 대한 강의를 할 때 "여러분, 저는 '내일'에서 왔습니다. 일본은 여러분의 '미래'를 살아가고 있습니다"라는 농담을 던지곤 한다. 이는 단순히 날짜가 바뀌는 물리적인 시차뿐만 아니라 고령화라는 측면에서 미국보다 일본이 앞서 있다는 사실을 강조하기 위함이다.

:: 시니어 비즈니스는 '타임머신 경영'에 따라 규모가 글로벌화된다

시니어 비즈니스는 '타임머신 경영'으로 규모가 글로벌화되는 사업이다. 여기에서 말하는 타임머신 경영이란 고령화에 수반되는 과제에 가장 먼저 직면한 일본에서 최초로 상품을 개발하여 그것을 일정한 시간차를 두고 똑같이 고령화에 직면하게 될 국가나 지역들에 수평적으로 확산시키는 것이다. 이미 일부 요양서비스 기업이 중국 등지에 진출한 것은 이 '타임머신 경영'에 가까운 사례로 볼 수 있다.

한편 1장에서 소개한 유니참은 일본 국내에서는 시장이 축소되고 있는 유아용 기저귀를 대신해 성인용 기저귀로 시장을 확대하면서, 해외 신흥국에서는 유아용 기저귀 시장을 확대하고 있다. 이 경우 우위 요인은 기저귀 원재료가 유아용이나 성인용이나 별 차이가 없다는 점이다. 즉 유아용 경영자원을 성인용 자원으로 치환해 국내에서도 시장을 확대하고 해외에서는 종래의 상품을 투입해 시장 확대를 꾀하는 방식이다. 이것도 효율적인 '타임머신 경영'의 한 예이다.

:: 시니어 비즈니스는 글로벌 라이프 사이클 비즈니스가 된다

다시 이것을 일반화하면 종래 아동용으로 제공했던 상품을 성인용으로 전환해 성인용 시장을 확대하고, 해외 신흥국에서는 종래의 아동용 상품을 투입해 시장 확대를 꾀하는 비즈니스 모델이 된다. 그리고 그 신흥국이 고령화되면 다시 성인용 상품을 적절한 타이밍을 맞추어 투입하면 된다.

이렇게 보면 시니어 비즈니스는 '시간적 수직 전개'와 '지리적 수평 전개'로 고객의 라이프 사이클 전반에 걸친 글로벌 규모의 비즈니스이다. 이렇게 생각하면 시장 가능성은 무한대로 확대되며 어두운 이미지에 빠지기 쉬운 고령화에서 밝은 희망을 찾아낼 수 있다. 향후 본격적으로 시니어 시프트를 시도하려는 기업은 반드시 이런 발상으로 사업을 구축해야 한다.

먼저 이 책이 세상에 나올 기회를 주신 다이아몬드 출판사의 구가 시게루 씨에게 감사드립니다. 이 책 전체의 편집을 맡아주신 구가 씨에게는 큰 신세를 졌습니다. 또한 시니어 시장 규모의 추계에 친절하고 꼼꼼하게 정보를 제공해주신 다이이치 생명경제연구소 경제조사부 수석 연구원 구마노 히데오 씨에게 감사드립니다.

저와 함께 시니어 비즈니스의 현장에서 악전고투해온 민간기업 여러분에게 깊이 감사드립니다. 또한 자료 작성을 항상 헌신적으로 도와준 어시스턴트 다나카 유미 씨에게도 감사드립니다.

마지막으로 휴일도 반납하고 집필하는 저를 따뜻하게 지지해준 가족, 구미코, 유마, 아쓰시, 고맙다. 그리고 고향 니가타에 계신 아버지, 어머니, 형님, 형수, 가나가와에 있는 여동생에게 이 책을 바칩니다.

연로하신 부모님은 저에게 비즈니스를 통해 보다 좋은 사회를 만

들어야 할 필요성을 깨우쳐주셨고, 형님과 형수, 여동생의 헌신적인 지지는 가족의 소중함과 고마움을 일깨워주었습니다.

2012년 10월

무라타 히로유키

옮긴이 **김선영**

한국외국어대학교 일본어과를 졸업했다. 옮긴 책으로는 미나토 가나에의 《고백》《야행관람차》, 아리스가와
아리스의 《월광 게임》《외딴섬 퍼즐》, 《철드는 철분약》《1일 1매 기획서를 쓰는 힘》 등이 있다.

위기를 기회로 바꾸는 미래 경제 패러다임

그레이마켓이 온다

초판 1쇄 2013년 7월 15일
    2쇄 2013년 7월 22일

지은이 | 무라타 히로유키
옮긴이 | 김선영

발행인 | 김우석
제작총괄 | 손장환
편집장 | 이수은
책임편집 | 문준식
디자인 | 권오경 김아름
마케팅 | 김동현 신영병 김용호 임정호 이진규 이효정

펴낸 곳 | 중앙북스(주) www.joongangbooks.co.kr
등록 | 2007년 2월 13일 제2-4561호
주소 | (121-904) 서울시 마포구 상암동 1651번지 상암DMCC빌딩 20층
대표전화 | 1588-0950
팩스 | (02) 2031-1398

ISBN 978-89-278-0453-6 03320